기본에 충실한 회계원리

김태완 · 전하성 저

교육과학사

머리말

회계는 기업의 다양한 활동을 이해하고, 나아가 경제 전반을 이해하는데 중요한 역할을 하고 있습니다. 기업과 국가에서 다루는 회계 수치는 단순한 숫자가 아니라 한정된 자원의 효율적 배분을 위한 중요한 척도가 됩니다. 따라서 정보이용자들은 회계를 이용하여 정보를 체계화시키고, 이를 바탕으로 합리적인 의사결정을 할 수 있는 정보를 제공합니다.

이처럼 중요한 역할을 하는 회계정보가 만일 왜곡되어 제공된다면 사회적으로 큰 혼란이 초래될 것입니다. 혹자는 회계를 기업 및 국가의 윤리, 더 나아가 사회 윤리의 출발점이라 표현할 정도로 회계의 사회적 영향력은 높아지고 있으며, 회계정보의 공급자와 수요자는 이와 같은 회계의 사회적 역할을 이해하여 정보를 신중하게 다루어야 할 것입니다.

한편, 우리 경제가 글로벌 환경에 처해져 있으므로 국가간 자본의 자유로운 이동을 촉진하고 회계 정보의 신뢰성을 높이기 위해 국제간 통일된 회계기준의 채택이 필요하여 우리나라는 2011년부터 회계처리와 재무제표의 작성을 한국채택국제회계기준(K-IFRS)에 따르고 있습니다. 한국채택국제회계기준의 주요 내용들 중에서 복잡한 내용은 중급회계와 고급회계에서 다루므로, 본서는 기초적인 회계장부 작성을 위한 이론과 연습을 중점적으로 다루었습니다.

본서는 크게 세 부분으로 나누어 구성되어 있습니다. 첫 번째 회계의 기초개념, 두 번째 회계순환과정을 통한 재무제표 작성, 세 번째 계정과목별 회계처리에 관한 내용을 다루고 있습니다.

회계를 처음 접하는 독자들은 첫째 파트인 1장과 2장에서 회계 기초개념을 정립하고, 3장에서 계정과목의 개념정리를 가볍게 정리한 후, 가장 중요한 파트인 4장부터 6장까지의 회계순환과정을 통한 재무제표 작성에 중점을 두어야 합니다. 특히 기업의 다양한 활동을 간략하게 표현하는 회계순환과정의 첫째 단계인 분개(journalizing)는 정확한 이해와 많은 연습이 요구됩니다. 이를 놓치면 앞으로 회계학 학습이 매우 힘들어 질 수도 있습니다.

오늘날의 독자에게 익숙한 여러 가지 색도와 사진 및 그림 등이 생략되어 본서가 다소 부족해 보일지도 모르겠습니다. 하지만 회계학 여행의 첫 안내서로서 필요한 내용은 충분히 담고 있다고 생각하므로, 본서를 토대로 열심히 학습한다면 회계학의 기초실력은 충분히 다질 수 있을 것이라 생각됩니다. 여러분들의 앞날에 좋은 결과가 있기를 바랍니다.

2014. 8.

Contents

Contents

Chapter 03 | 계정과목

Chapter 04 | 분개와 전기

Chapter 05 | 결 산

Chapter 06 | 재무제표의 작성과 장부마감

Contents

Chapter 07 | 유동자산

Chapter 08 | 비유동자산

Contents

Chapter 10 | 수익과 비용

부 록

CHAPTER 01

기업 활동의 이해와 표현 방법

제1절 기업 활동의 이해

대학에 입학한 지 얼마 되지 않는 여러분들이 생일 선물로 받고 싶은 것이 있다면 어떤 것이 있을까? 학업에 도움이 되는 맥북(MacBook)이나 정보화 시대에 어울리는 아이패드(iPad), 아니면 누구나 한 벌쯤 갖고 싶은 리바이스(Levi's) 청바지...

그다지 고가의 제품이 아닌 리바이스 청바지를 예로 들어보자. 사귀는 이성 친구로부터 애정이 그득 담긴 멋진 카드와 함께 리바이스 청바지를 유명 백화점에서 발송한 소포로 선물을 받았다. 평소 너무나 갖고 싶었던 리바이스 청바지를 생일선물로 받아든 여러분은 물밀 듯이 다가오는 환희와 함께 친구에 대한 고마움으로 어찌할 바를 모를 것이다. 그러나 그 기쁨도 잠시, 인간관계의 소중함을 뼈저리게 느끼면서 동시에 주머니 사정이 넉넉지 못한 여러분이라면, 답례로 그 친구의 생일엔 어떤 브랜드가 취향에 맞을지, 그리고 어떤 수준의 가격대의 선물을 해야 할지 고민에 빠지게 될 것이다. 인터넷을 통해 선물 받은 청바지의 가격 수준을 어느 정도 확인할 수는 있지만, 경영학도로서 지적 호기심이 많은 여러분은 특정 기업의 제품이 어떤 과정을 거쳐 생산되어 자신의 수중으로 들어오게 되는지, 제품의 원가는 얼마나 되고, 가격은 어떻게 결정되는지, 그리고 브랜드 가치는 뛰어난지 궁금하지 않을 수 없을 것이다.

앞의 사례는 일상생활의 하나인 생일 선물을 주고받는 과정의 짧은 예화에 불과할지 모르지만, 청바지가 만들어져 내 손에 들어올 때까지 기업 실체[1]의 다양한 활동들과 그 활동과정에서 야기되는 수많은 고민거리들이 내재되어 있음을 짐작할 수 있다.

먼저 기업의 다양한 활동들을 살펴보자. 기업 활동에는 두 가지 관점의 접근이 필요하다. 즉, 청바지가 어떻게 만들어져 백화점에 공급되었는지 제조업 관점에서의 접근

1) 여러분은 대학에서 4년간 전공과 관련하여 정부, 기업, 가계와 같은 다양한 경제 주체들 중 기업을 주된 탐구의 대상으로 삼는다. 기업의 종류도 여러 유형이 있지만, 소유와 경영이 분리되어 있는 전형적인 주식회사를 주요 대상으로 삼는다.

과, 백화점에선 최종 소비자인 고객에게 어떻게 판매되었는지 상기업 또는 상품매매업 관점에서의 접근이다.

리바이스라고 하는 브랜드의 제조업에서 청바지를 생산하여 판매하는 프로세스에 기능적으로 어떤 활동들이 내재되어 있는지 개략 살펴보자.

기업은 저렴하면서도 양질의 원단을 구입해야 한다. 이를 구매활동이라 한다. 기술자와 관리자를 확보하고 이들을 교육하고 적재적소에 배치해야 한다. 이를 인적자원관리활동이라 한다. 공장 건물 내에서 기계장치들을 활용하여 청바지를 생산하여야 한다. 제조활동이다. 철저한 검수과정을 거쳐 불량 품질을 최소화 하여야 한다. 품질관리활동이다. 포장을 하고, 홍보 및 광고를 통해 고객에게 판매하여야 한다. 이를 마케팅활동이라 한다. 유행을 선도하는 디자인 개발이나 특수 기능을 발휘할 수 있는 소재 개발 등을 담당하는 연구개발활동도 있다. 뿐만 아니라 이상의 기업 활동을 수행함에 있어 필요한 재원을 조달하거나 유휴자금을 투자하는 재무 및 투자활동들도 생각해 볼 수 있다.

유명 백화점에서도 미국 샌프란시스코 소재 리바이스로부터 직수입을 하거나 한국 내 에이전트(리바이스트라우스 코리아)로부터 성별·사이즈별·색상별로 청바지를 구입하여야 한다. 역시 구매활동 또는 매입활동이 필요하다. 고객들을 대상으로 판촉활동을 펼쳐 쾌적한 환경에서 쇼핑이 이루어질 수 있도록 분위기를 조성하고, 필요하다면 최종 소비자에게 배송까지 담당하는 광의의 판매활동이 이루어진다.

다음으로, 기업 활동과 관련해서 파생되는 고민거리들을 확인해보자. 일반적으로 기업은 양질의 제품을 저렴하게 생산하여 소비자에게 판매한 후 이익을 추구하는 목표를 가지고 있다. 청바지 제조업체인 리바이스의 경우도 원단과 단추, 지퍼, 실 등과 같은 원재료를 구입하고, 이를 각종 자동화 설비를 통한 작업과 사람의 수작업을 거쳐 최종 완성품을 생산한 후, 직영 판매점이나 백화점 등에 판매하는 방식을 취하고 있다.

이처럼 기업의 목표를 달성하기 위해서는 공장 부지와 같은 토지는 물론 제품 제조를 위한 공장건물, 관리자들의 근무용 관리동 건물도 필요하다. 재단기, 재봉틀, 전기스팀용 다리미, 차량운반구 등 각종 설비도 필요하다. 그리고 제조라인에 투입되는 생산직 종업원뿐만 아니라 관리활동과 판매활동을 수행하기 위해 사장을 위시한 관리자와 판매담당자, 신제품 개발을 위한 연구인력, 검수에 필요한 품질관리요원 등 다양한 사람들이 필요하다. 토지나 건물, 각종 설비 등을 물적 자원이라 하고, 사장부터 종업원에 이르는 인력들을 인적자원이라 한다. 이들 물적·인적 자원을 총칭해서 경제적 자원(Economic Resource)이라 한다.

기업 활동을 수행함에 있어 경제적 자원(자산)은 기업의 목표를 달성함에 필수 불가결한 것임을 이해할 수 있을 것이다. 그렇지만 이들 경제적 자원은 그냥 무상으로 마련될 수는 없다. 여러분들의 주요 학습 대상이 경제주체 중 기업, 그 중에서도 소유와 경영이 분리되어 있는 주식회사[2]라 한다면, 경제적 자원을 조달하기 위해서는 주식 발행을 통해 자기자본(자본)을 조달하는 방법과 금융업이나 사채업자로부터 타인자본(부

2) 예컨대, 현대자동차의 주인은 정몽구 회장이라고 생각하기 쉽지만, 정확하게 이야기 하면 경제적 자원의 소유주인 투자자와 채권자가 주인(소유주)이다.

채)을 조달하는 방법을 강구해야 한다. 자기자본의 소유주는 투자자라 할 수 있고, 타인자본의 소유주는 채권자라 할 수 있다.

한편, 기업 경영 목적을 달성하기 위해 투자자와 채권자로부터 조달된 경제적 자원으로 토지도 구입하고, 각종 건물도 짓고, 설비와 장치들도 확보하고, 인적 자원들도 충원하여 조직을 구성한 후, 생산방법을 결정하고, 한정된 자원으로 적정 이윤을 창출할 수 있는 방법을 모색하는 또 다른 주체가 필요하다. 바로 경영자들이다.

이와 같은 소유와 경영의 역학관계에서 파생되는 고민거리들을 살펴보기로 하자.

여러분이 아르바이트를 하여 목돈이 생겼다고 가정하자. 재학중 학자금 마련이나 향후 창업을 위한 종자돈(Seed Money) 마련을 위해 그냥 현금 상태로 보관하는 것보단 자산관리의 일환으로 증권에 투자할 것인가, 아니면 채권을 구입할 것인가를 고민중이라면, 어떤 기업의 주식을 구입할지, 아니면 어떤 기업의 채권을 구입할지를 판단해야 할 것이다. 전자를 투자의사결정이라 하고, 후자를 대여의사결정이라 한다.

그리고 여러분이 창업을 했거나 전문 경영자라고 가정하면 많은 실적을 창출하여 기업을 계속 성장 발전시켜나가야 하는 고민을 해야 한다. 필요로 하는 시점에 경제적 자원을 원활하게 조달하기 위해서는 소유주에게 배당이나 이자와 같은 형태로 반대급부를 되돌려주어야 하는 책임도 안고 있다.[3] 이들 고민거리를 경영의사결정이라 일컫는다.

이상에서 기업을 둘러싸고 있는 세 주체와 각 주체별 고민거리인 의사결정의 유형을 간단히 살펴보았다. 투자자나 채권자(총칭하여 기업 외부정보이용자라 함) 모두 투자의사결정과 대여의사결정을 행함에 있어 무작정 자신의 감에만 의존하거나 남의 말만 듣고 부화뇌동하여 그릇된 판단을 해서는 안 된다. 마찬가지로 기업의 경영자(기업의 내부정보이용자) 또한 기업 활동에 관련한 정확한 정보에 의해 경영활동을 펼쳐야 한다.

고민거리를 해결할 수 있는 것은 곧 기업실체에 관한 정보다. 정보만 유용하게 얻을 수 있다면 투자자 및 채권자로서의 투자 및 대여의사결정도 적절하게 잘 행할 수 있

3) 이와 같은 경영자의 책임을 수탁책임(stewardship)이라 한다.

고, 경영자로서 경영의사결정도 원활하게 수행할 수 있을 것이다. 뿐만 아니라 기업실체에 관한 정보만 확보할 수 있다면 취업을 앞둔 졸업예정자로서 과연 어떤 기업에서 자신의 미래를 설계해 나갈 것인가도 결정할 수 있게 될 것이고, 지역 주민들에게 양질의 저렴한 제품을 제공하는 양심적인 기업인지, 에너지 절감과 친환경 지향적인 기업인지 등을 알 수도 있을 것이다.

기업을 대상으로 학습하는 경영학도로서 지적 호기심이 많은 여러분들이라면, 이상의 내용에서 기업실체를 둘러싸고 있는 다양한 이해관계자 집단 또는 정보이용자의 의사결정에 유용한 정보가 관건임을 이해하게 되었을 것이다. 본서는 바로 기업실체와 관련한 각종 활동을 일목요연하게 표현할 수 있는 방법[4]과 다양한 의사결정에 유용한 정보를 어떻게 만들어 내고 어떻게 활용되는지[5]를 학습하는데 길라잡이가 될 것이다.

제2절 기업 활동의 표현 방법

만약 여러 분이 뜻 맞는 친구들과 함께 대학 축제인 한마대동제 때 간이주점을 열기로 했다면 몇 가지 고민거리가 존재한다. 먼저 무엇을 판매할 것인지를 결정해야 한다. 판매할 주류의 품목이 결정되면 가장 저렴한 대형 마트를 찾아 얼마나 사와야 할지를 고민해야 한다. 그리고 소요되는 예상 금액만큼을 몇 명이 참여하여 부담할 것인가를 검토해야 할 것이다.

경영학부에 재학중인 5명이 50,000원씩 갹출하여 250,000원을 모았다. 이마트에서 병맥주를 한 병당 1,000원씩 150병과 수입 캔맥주를 1,500원씩 50개, 그리고 얼음 3Kg

4) 기업의 다양한 활동들을 일목요연하게 표현할 수 있는 언어(a language of business)가 필요하다.
5) 이해관계자 또는 정보이용자의 의사결정에 유용한 정보를 산출하여 제공하는 것을 간단히 정보시스템(information system)이라 한다.

포장단위 5봉지를 25,000원에 구입하였다. 간이주점 운영에 필요한 나머지 비품들과 집기들은 동아리방과 개인이 충당할 수 있었다. 축제기간 이틀 동안 병맥주는 2,000원씩, 수입 캔맥주는 3,000원씩을 받고 전량을 다 판매하였다. 판매 후 간이 종이 금고에 남아있는 현금을 집계해보았더니 총 150,000원이 있었다. 총 판매액과 남아있는 금액을 비교한 결과 300,000원의 차이가 나타났다. 그래서 5명이 모여 확인 작업을 해 본바, 주류 및 얼음 구입에 소요된 250,000원 외 주점을 운영하면서 5명이 식사도 하고 간간이 생수와 음료수도 마셨음을 알게 되었다. 증빙서류인 영수증을 합계해보니 총 지출한 금액이 50,000원이 발생했음을 확인하였다. 최종적으로 남은 150,000원을 각자 30,000원씩을 균등하게 분배하고 마무리를 지었다고 가정해보자.

우리 주변에서 쉽게 경험할 수 있는 이와 같은 사례를 문장으로 길게 설명하기보다 간단하면서 일목요연하게 표현할 수 있는 방법은 없을까? 총무를 맡은 한 학생이 다음과 같은 형식의 보고서를 작성하는 방법이 하나의 대안일 것이다.

〈간이주점 운영 명세서〉

-내 역-

판매액		
병맥주 (2,000원 × 150병)	300,000원	
캔맥주 (3,000원 × 50개)	150,000원	450,000원
구입가격		
병맥주 (1,000원 × 150병)	150,000원	
캔맥주 (1,500원 × 50개)	75,000원	
얼 음	25,000원	250,000원
잔 액		200,000원
기타비용(식대, 음료수 등)		50,000원
이 익		150,000원

용어들은 아직 익숙하지 않지만, 위의 양식은 복잡하게 보이는 일련의 과정을 보다 일목요연하게 표현할 수 있는 언어(a language of business, 앞의 주석 4)와 같은 구실을 한다. 실제 기업 활동은 마음 맞는 친구 다섯 명이 모여 간이주점을 운영하는 것보다 훨씬 복잡한 활동들이 발생한다. 이들 활동을 거래[6]라 일컫는다.

일련의 간이주점 운영활동을 단계별로 나누어보면 다음과 같다.

① 먼저 5명이 50,000원씩 각출하여 250,000원의 현금을 마련하였다.

② 250,000원의 현금으로 물적 자원인 주류와 얼음을 장만하였다.

③ 150병의 병맥주와 50개의 캔맥주를 전량 판매하여 450,000원의 수익을 올렸다.

④ 총 50,000원의 운영에 따른 지출이 발생했다.

⑤ 최종적으로 150,000원이 이익이 남았다.

앞에서 학습한 경제적 자원(자산)과 자기자본(자본)의 설명을 토대로 장사 밑천이 되는 현금을 마련하는 활동(①)과 마련된 현금으로 주류와 얼음을 구입하는 활동(②)으로 표현할 수 있다.

① 현 금	250,000	/ 자 본 금	250,000
② 각종 주류와 얼음	250,000	/ 현 금	250,000

다음으로 각종 주류를 판매하여 현금이 들어오는 활동(③)과 식대 및 음료수 구입 등에 소요된 현금이 나가는 활동(④)들을 표현해보자.

③ 현 금	450,000	/ 판 매 액	450,000
④ 제비용	50,000	/ 현 금	50,000

어떤 것은 왼 쪽에 나타내고, 또 어떤 것은 오른 쪽에 나타내는지 아직은 규칙을 잘 모르겠지만 각 활동들을 현금, 자본금, 각종 주류와 얼음, 판매액, 제비용 등과 같은 압축적인 용어로 나타내는 것이 훨씬 더 편리함을 알 것이다. 이처럼 각 활동들을 통일된 압축적인 용어로 나타낼 때 이를 계정 또는 계정과목[7]이라 일컫는다.

그럼 다음 장에서부터 본격적인 회계 여행을 떠나보도록 한다.

---

6) 모든 활동들을 다 거래로 보기는 어렵다. 그 요건에 대해서는 4장에서 언급할 것이다.

7) 계정과목에 대해서는 3장에서 다룬다.

마르코는 가죽표지의 장부를 옆구리에 단단히 끼고 갑판에서 베네치아 거리를 바라보았다. 배에는 인도에서 사들인 향신료와 보석, 페르시아산 진주와 옷감, 아랍지역의 무기와 비단 등 이국에서 들여온 물품이 가득 쌓여 있었다. 유럽 각지의 부자들은 이 진귀한 물건을 사기 위해 부르는 대로 지갑에서 돈을 꺼낼 것이다. 그렇게 생각하자 저도 모르게 몸이 떨렸다. 이 물품들은 일주일도 안되어 엄청난 돈으로 탈바꿈할 것이다.

돈이 들어오면 우선 빚을 갚고 연 25%인 이자와 인건비와 뱃삯을 지불해야 한다. 그리고 남은 돈이 이익이다. 계약에 따르면 이익의 75%가 출자자, 남은 25%가 마르코의 몫이다. 외부 출자자에게서 자금을 받았으니 당연히 이익과 분배금을 정확하게 보고해야 한다.

이번 항해에서 마르코는 친척한테 100더컷(ducat)을 빌렸다. 물론 그 정도로는 어림도 없다. 추가로 은행에서 800더컷을 빌렸다.

이렇게 긁어모은 돈으로 선원들을 고용하고 인도와 페르시아 등지의 부자들이 탐낼 만한 식기와 모피를 배에 싣고 반년 전에 베네치아를 뒤로 했다. 마르코의 예상대로 그 물품들은 날개 돋친 듯이 팔렸다. 그렇게 번 돈으로 이번에는 베네치아에서 팔 물건들을 사들여 배에 가득 실었다.

무역상의 돈거래는 엉킨 실타래처럼 복잡하다. 상인들은 출자를 받은 귀중한 돈을 관리해야 하며 때로는 막대한 빚을 떠안기도 했다. 그들은 무역으로 남긴 이익을 정확하게 계산한 다음 계약대로 공정하게 분배해야 한다. 이렇게 골치 아픈 작업을 손쉽게 할 수 있는 것은 이른바 '베네치아식(베네치아나)'이라고 불리는 복식부기 덕분이었다. 복식부기는 베네치아가 발전하는 원동력이었다.

출처: 하야시 아쓰무(林總) 저, 『만만한 회계학』 (2010년) 머리말

CHAPTER 02

회계의 기초와 재무보고

제1절 • 회계의 기초

제2절 • 재무보고와 재무제표

제1절 회계의 기초

1. 회계의 의의

회계는 기업의 다양한 활동을 간단하게 표현할 수 있는 언어이다. 동시에 기업 활동에 관한 정보를 생산, 전달, 이용하는 정보시스템이다. 기업과 관련된 다양한 이해관계자[1)]는 이러한 회계정보를 이용하여 합리적인 의사결정을 할 수 있다. 1966년 미국회계학회(American Accounting Association : AAA)의 기초적 회계이론에 관한 보고서(A Statement of Basic Accounting Theory : ASOBAT)에서의 회계의 정의는 다음과 같다.

"회계는 정보이용자가 사정에 정통한 판단이나 의사결정을 내릴 수 있도록 경제적 정보를 식별, 측정, 전달하는 과정이다."

2. 회계의 영역

회계는 경제활동을 수행하는 모든 경제단위(가계, 기업, 정부)를 대상으로 정보를 산출하고 제공하는 중요한 역할을 수행한다. 1장에서 설명한 바와 같이 오늘날 기업은 다양한 이해관계자들이 존재한다. 기업실체를 둘러싸고 있는 다양한 이해관계자 집단 또는 정보이용자의 의사결정에 유용한 정보를 제공하는 역할에 따라 회계의 영역을 구분하면, 재무회계와 관리회계, 세무회계 등으로 구분할 수 있다.

1) 이해관계자는 기업 활동과 직·간접적으로 관련을 가진 자로서 기업과 관련하여 경제적 의사결정을 하는 정보이용자이다. 예를 들면, 투자자(주주)는 투자결정, 채권자는 신용결정(대여의사결정), 세무당국은 과세결정, 규제기관(금융감독원)은 규제결정, 경영자는 경영의사결정을 행하기 위해 회계정보를 필요로 한다.

1) 재무회계

재무회계(Financial Accounting)는 투자자, 채권자 등 기업의 다양한 외부정보이용자들을 보고대상으로 하는 회계분야이다. 기업의 다양한 이해관계자들 각각의 개별욕구 충족은 현실적으로 불가능하므로 대표적 이해관계자인 투자자, 채권자를 중심으로 해서 공통적인 욕구를 수렴하여 회계정보를 산출한다.

따라서 재무회계는 이러한 공통의 정보욕구 하에서 일반목적의 재무제표(general purpose financial statements)를 작성하고 제공한다.[2)]

2) 관리회계

관리회계(Managerial Accounting)는 내부정보이용자인 경영자가 경영활동을 계획하고 통제하는데 필요한 정보를 제공하는 회계분야이다.

경영자는 제품의 가격결정, 목표이익 달성을 위한 판매수량 결정, 설비투자결정 등에 관한 정보를 필요로 하는데 관리회계는 이러한 정보를 제공한다.

〈표 2-1〉 **재무회계와 관리회계**

구　　분	재 무 회 계	관 리 회 계
정보 제공 목적	외부 정보이용자의 의사결정을 위해 회계정보 제공	내부 정보이용자의 의사결정을 위해 회계정보 제공
주된 정보이용자	현재 및 잠재 투자자 · 채권자	기업 내의 경영자
정보의 생산방법과 내용	회계기준을 준수해야 함	회계기준에 구속되지 않음
정보 제공의 주된 수단	재무제표(재무보고서)	일정한 형식이 정해져 있지 않음
정보 제공의 강제성과 외부감사 여부	일정 규모 이상의 주식회사는 정기적 재무제표 공시가 의무화되며 또 외부감사를 받아야 함	경영자의 필요에 따라 수시로 정보를 추출해서 활용하며, 외부감사가 필요하지 않음
정보의 성격	기업의 과거활동에 대한 정보임	미래 예측정보도 생산됨

2) 재무회계의 정보전달 수단인 재무제표는 재무상태표, 포괄손익계산서, 자본변동표 및 현금흐름표, 주석 등으로 구성된다.

3) 세무회계

세무회계(Tax Accounting)는 조세징수기관에 대한 회계이다. 기업은 세법에 근거한 세무회계를 통해 법인세, 부가가치세, 각종 지방세 등을 납부한다. 일반적으로 재무회계상의 이익과 세법상의 이익(과세표준)은 작성기준이 상이하므로 이익간에 차이가 발생한다.

재무회계상의 이익은 기업회계기준에 강제적 근거가 있으며 세법상의 이익은 세법에 강제적 근거를 두고 있다. 따라서 재무회계상의 이익을 세금납부를 위한 세법상의 이익으로 조정하는 회계가 세무회계이다.

4) 회계감사

재무회계의 정보전달수단인 재무제표는 다양한 이해관계자가 존재하므로 신뢰성 확보가 중요하다. 따라서 기업이 작성한 재무제표가 정해진 기준에 따라 제대로 작성되었는지 검증할 필요가 있다.

회계감사(Auditing)는 기업이 작성한 재무제표의 신뢰성을 검증하여 이에 대한 의견을 표명하는 분야이다. 감사의견에는 적정의견, 한정의견, 부적정의견, 의견거절 등이 있다.

3. 회계와 부기

1) 부기

부기(Book-keeping)는 기업의 경영활동과정에서 발생한 거래를 장부에 기록, 분류, 요약하는 것을 말한다. 여기서 부기는 재무제표 작성의 생산기술측면을 포함한 것이다.

① 단식부기(single entry book-keeping) : 거래나 경제적 사건에 있어서 결과 중심으로 기록하며, 현금의 유입과 유출시점에 주로 회계처리가 이루어진다. 현금주의회계가 여기에 해당된다.

② 복식부기(double entry book-keeping) : 거래나 경제적 사건에 있어서 원인과 결과로 사건을 기록하며, 현금의 유입과 유출이 아니라 거래의 발생에 초점을 두고 회계처리가 이루어진다. 발생주의회계가 여기에 해당된다.[3)]

〈표 2-2〉 **단식부기와 복식부기**

구 분	단 식 부 기	복 식 부 기
기 록	경제적 사건의 결과만 기록함.	경제적 사건의 원인, 결과를 기록함.
기 능	자기검증의 기능이 없음.	자기검증 기능이 있음.
정확성	재무상태와 손익의 파악이 불완전함.	재무상태와 손익의 파악이 완전함.
적 용	비영리 및 소규모 기업에서 이용함.	영리 및 대규모 기업에서 이용함.

2) 회계

회계(Accounting)는 한 회계기간에 발생한 경제적 사건을 장부에 기록하는 기술뿐만 아니라 회계정보가 정보이용자의 의사결정에 유용하게 이용될 수 있도록 전달하는 과정까지도 포함한다. 회계는 재무제표의 작성의 기술뿐 만 아니라 생산기술과 전달(분배)의 모든 과정을 포함한다.

3) 발생주의회계는 현금의 유입과 유출만 거래로 인식하는 현금주의회계와 달리, 거래의 발생에 초점을 두고 회계처리를 한다. 즉, 현금의 유입과 유출을 수반하는 거래와 그렇지 않은 거래까지도 회계상의 거래이면 모두 재무제표에 기록을 할 수 있는 회계처리 방법이다.

제2절 재무보고와 재무제표

1. 재무보고

재무보고(financial reporting)는 기업의 다양한 이해관계자들의 합리적인 경제적 의사결정을 위해 경영자가 기업실체의 재무상태, 경영성과, 자본변동, 현금흐름 등에 관한 정보를 제공하는 것이다. 이때 재무보고의 가장 주된 수단은 재무제표(financial statements)이다. 재무제표는 기업의 경영자가 외부 이해관계자들에게 기업실체의 재무상태, 경영성과, 현금흐름 등에 관한 정보를 제공하는 핵심적 수단이다.

〈표 2-3〉 재무보고

<table>
<tr><th colspan="4">투자, 신용제공, 기타 의사결정에 유용한 정보 제공</th></tr>
<tr><th colspan="3">재무보고(financial reporting)</th><th></th></tr>
<tr><th colspan="2">일반목적 재무제표: GAAP[4]</th><th rowspan="2">기타 재무보고 수단</th><th rowspan="2">기타정보</th></tr>
<tr><th>기본 재무제표</th><th>재무제표의 주석</th></tr>
<tr><td>재무상태표</td><td>회사의 개요</td><td>유가증권신고서</td><td>재무분석보고서</td></tr>
<tr><td>포괄손익계산서</td><td>채택한 회계정책</td><td>사업보고서</td><td>신용분석보고서</td></tr>
<tr><td>자본변동표</td><td>계정별 상세내역</td><td>영업보고서</td><td>경제통계정보</td></tr>
<tr><td>현금흐름표</td><td>특수관계자와의 거래</td><td>이사회 의장의 서한</td><td></td></tr>
</table>

2. 회계원칙

회계원칙을 '기업회계기준'이라 하고, 우리나라는 2011년부터 한국채택국제회계기준을 전면 도입하였다. 우리나라의 기업회계기준은 한국채택국제회계기준, 일반기업회계기준, 특수분야 회계기준으로 분류된다.

4) 기업의 다양한 이해관계자들의 공통적 정보 욕구를 충족하기 위해 투자자, 채권자 중심으로 작성한 재무제표를 일반목적의 재무제표라 하며, 이를 작성하기 위한 기준은 일반적으로 인정된 회계원칙(Generally Accepted Accounting Principles : GAAP)이다.

1) 한국채택국제회계기준

'주식회사의 외부감사에 관한 법률'의 적용대상기업 중 '자본시장과 금융투자업에 관한 법률'에 따른 주권상장법인의 회계처리에 적용하는 기준이다. 비상장법인의 경우에도 한국채택국제회계기준을 선택 적용할 수 있다.

〈표 2-4〉 K-IFRS[5]의 구조

구 분	내 용
기업회계기준서 (IAS, IFRS)	목적, 적용범위, 회계처리방법, 공시, 부록(용어정의, 적용보충기준) 등으로 구성
기업회계기준해석서 (SIC, IFRIC)	명시적 언급이 없는 새롭게 인식된 재무보고 문제에 권위 있는 지침 제공, 참조, 배경, 적용범위, 회계논제, 결론, 시행일, 경과규정 등으로 구성

2) 일반기업회계기준(비상장기업회계기준)

'주식회사의 외부감사의 관한 법률'의 적용대상기업 중 한국채택국제회계기준에 따라 회계처리하지 않는 비상장법인이 적용해야 하는 회계처리기준이다. 일반기업회계기준도 기준서와 해석서로 구성된다.

3. 재무제표

1) 재무상태표

재무상태표(Statement of Financial Position)[6]란 일정시점에 있어서 기업 재무상태를 나타내는 재무제표이다. 여기서 재무상태란 기업의 자산, 부채, 자본의 상태를 말한다.

5) 한국채택국제회계기준 K-IFRS의 원어는 Korea International Financial Reporting Standards이다.
6) 중소기업회계기준에서는 대차대조표(Balance Sheet : B/S)라고 한다.

〈표 2-5〉 재무상태표의 구조[7)]

자금운용상태(차변)		자금조달원천(대변)
자 산	=	부 채
		자 본

(1) 자산

자산(Assets)이란 과거의 거래나 사건의 결과로 특정실체에 의해 획득된 미래의 경제적 효익이다. 즉, 용역잠재력이 있는 자원을 말한다. 자산은 보편적으로 1년을 기준으로 유동자산과 비유동자산으로 구분된다.

(2) 부채

부채(Liabilities)란 과거의 거래나 사건의 결과로 미래에 특정실체에 자산이나 용역을 이전해야 하는 특정실체의 의무이다. 즉, 기업이 장래에 타인에게 갚아야 할 빚이다. 부채도 1년을 기준으로 유동부채와 비유동부채로 구분된다.

(3) 자본

자본(Owner's Equity)은 자산에서 부채를 차감한 것으로 순자산, 잔여지분 또는 소유주지분이라고도 한다. 자본은 자본금 및 자본잉여금, 자본조정, 이익잉여금, 기타포괄손익누계액으로 구성된다.

7) 자산 = 부채 + 자본의 등식은 회계등식(Accounting Equation) 또는 재무제표등식이라고 한다.

〈표 2-6〉 **재무상태표 예시**

재무상태표

당기 20×1년 12월 31일 현재
전기 20×0년 12월 31일 현재

(주) 마산 (단위 : 천원)

과 목	금 액		과 목	금 액	
	20X1년	20X0년		20X1년	20X0년
자 산			부 채		
현금 및 현금등가물	20,000	90,000	매 입 채 무	40,000	20,000
매 출 채 권	50,000	20,000	단 기 차 입 금	40,000	20,000
단 기 매 매 증 권	30,000	20,000	미 지 급 금	40,000	30,000
미 수 금	100,000	50,000	선 수 금	80,000	60,000
제 품	200,000	100,000	사 채	100,000	100,000
비 품	100,000	60,000	자 본		
토 지	100,000	100,000	자 본 금	300,000	210,000
차 량 운 반 구	100,000	100,000	이 익 잉 여 금	100,000	100,000
자산 총계	700,000	540,000	부채와 자본총계	700,000	540,000

2) 포괄손익계산서

포괄손익계산서(Comprehensive Income Statement)[8]란 일정기간의 경영성과에 대한 정보를 제공하는 재무보고서를 말한다. 포괄손익계산서를 통해 일정기간의 기업의 이익에 관한 정보를 제공한다.

〈표 2-7〉 **손익계산서의 구조**

차 변		대 변
비 용	=	수 익
+		
이 익		

8) 한국채택국제회계기준 도입 이전의 기업회계기준에서는 손익계산서(Income Statement : I/S)라 한다.

(1) 포괄손익계산서의 구성요소

① 수익

수익(Revenue)은 기업이 일정기간 동안 경영활동을 통해 벌어들인 금액을 말한다. 수익항목으로는 매출액, 기타수익 등이 있다.

② 비용

비용(Expense)은 기업이 일정기간 동안 수익을 얻기 위하여 소비된 재화 및 용역의 원가를 말한다. 비용항목으로는 매출원가, 물류원가, 관리비, 기타비용, 금융원가, 법인세비용 등이 있다.

③ 이익

수익에서 비용을 차감한 금액을 순이익(Net Income)이라고 한다. 반대로 비용이 수익을 초과할 경우 그 초과액은 순손실이라 한다.

④ 기타포괄손익

당기 손익거래에서 발생한 항목 중에서 미실현손익을 말한다. 예로는 매도가능증권평가손익, 파생상품평가손익 등이 있다.

당기의 기타포괄손익은 재무상태표의 자본항목인 기타포괄손익누계액에 누적되어 표시된다.

(2) 손익계산서의 작성 예

① 손익계산서

한국채택국제회계기준 도입이전의 손익계산서 양식과 도입이후의 양식이 제시되어 있다.

〈표 2-8〉 **일반기업회계기준 손익계산서 예시**

손익계산서

(주)경남 제×기 20×1년 1월 1일부터 12월 31일까지 (단위 : 천원)

과 목	금	액
Ⅰ. **매 출 액**		8,580
Ⅱ. **매출원가**		5,420
Ⅲ. **매출총이익**		3,160
Ⅳ. **판매비와 관리비**		1,180
1. 급 여	540	
2. 임 차 료	160	
3. 광고선전비	250	
4. 감가상각비	180	
5. 대손상각비	50	
Ⅴ. **영업이익**		1,980
Ⅵ. **영업외수익**		230
1. 이자수익	60	
2. 배당금수익	20	
3. 임 대 료	120	
4. 유형자산처분이익	30	
Ⅶ. **영업외비용**		220
1. 이자비용	170	
2. 유형자산처분손실	50	
Ⅷ. **법인세비용차감전순이익**		1,990
Ⅸ. **법인세비용**		240
Ⅹ. **당기순이익**		1,750
Ⅺ. **기타포괄손익**	0	
Ⅻ. **총포괄손익**		1,750

〈표 2-9〉 **K-IFRS 포괄손익계산서 예시**

포괄손익계산서

(주)경남 제×기 20×1년 1월 1일부터 12월 31일까지 (단위 : 천원)

과 목	금	액
Ⅰ. **매 출 액**		8,580
Ⅱ. **매출원가**		5,420
Ⅲ. **매출총이익**		3,160
Ⅳ. **물류원가와 관리비**		1,180
1. 급 여	540	
2. 임 차 료	160	
3. 광고선전비	250	
4. 감가상각비	180	
5. 대손상각비	50	
Ⅴ. **영업이익**		1,980
Ⅵ. **기타수익**		230
1. 이자수익	60	
2. 배당금수익	20	

과 목	금 액	
3. 임 대 료	120	
4. 유형자산처분이익	30	
Ⅶ. 기타비용		220
1. 이자비용	170	
2. 유형자산처분손실	50	
Ⅷ. 법인세비용차감전순이익		1,990
Ⅸ. 법인세비용		240
Ⅹ. 당기순이익		1,750
Ⅺ. 기타포괄손익	0	
Ⅻ. 총포괄손익		1,750

3) 자본변동표

자본변동표(Statement of Changes in Equity)는 일정기간 동안 발생한 자본의 변동을 나타내는 재무제표이다. 자본변동표는 자본의 구성항목인 자본금, 자본잉여금, 자본조정, 기타포괄손익누계액 및 이익잉여금의 연간 변동내역을 보여준다.

〈표 2-10〉 **자본변동표 예시**

자본변동표

(주)경남 20×1년 1월 1일 ~ 201×1년 12월 31일 (단위 : 천원)

구 분		자 본 금	자본잉여금	자본조정	기타포괄손익누계액	이익잉여금	합 계
	기초금액	5,000	2,500	(500)	0	1,000	8,000
변동내역	현금배당 지급					(500)	(500)
	유상증자	1,000	1,500				2,500
	자기주식 취득			(600)			(600)
	당기순이익					800	800
	기말금액	6,000	4,000	(1,100)	0	1,300	10,200

4) 현금흐름표

현금흐름표(Statement of Cash Flows)는 일정기간 기업의 현금흐름을 나타내는 표로서 발생주의 회계의 문제점을 보완하기 위해 작성한다.

현금흐름표는 기업의 활동을 영업활동, 투자활동, 재무활동으로 나누고 활동별로 발생되는 현금의 흐름에 관한 전반적인 정보를 상세하게 제공해준다.

(1) 영업활동으로 인한 현금흐름

제품의 생산과 상품 및 용역의 구매·판매활동에 해당하는 영업활동에 의한 현금의 유입과 유출을 말한다.

(2) 투자활동으로 인한 현금흐름

고정자산 취득 및 처분, 투자유가증권 취득 및 처분과 관련하여 증감되는 현금의 유입과 유출을 말한다.

(3) 재무활동으로 인한 현금흐름

은행 차입 및 주식 발행, 배당금 지급 등과 같이 회사 자금 조달활동으로 인해 증감되는 현금의 유입과 유출을 말한다.

〈표 2-11〉 **현금흐름표 예시**

현금흐름표

당기 20×1년 12월 31일 현재
(주)경남　　전기 20×0년 12월 31일 현재　　(단위 : 천원)

구　　분	금　　액
Ⅰ. 영업활동으로 인한 현금흐름	100,000
Ⅱ. 투자활동으로 인한 현금흐름	74,000
1. 투자활동으로 인한 현금유입액	87,000
2. 투자활동으로 인한 현금유출액	(13,000)
Ⅲ. 재무활동으로 인한 현금흐름	46,000
1. 재무활동으로 인한 현금유입액	52,000
2. 재무활동으로 인한 현금유출액	(6,000)
Ⅳ. 현금의 증감	220,000
Ⅴ. 기초의 현금	80,000
Ⅵ. 기말의 현금	300,000

5) 주석

주석(footnotes)은 각주라고도 부르며 재무제표 본문의 특정 항목에 대한 추가적 정보를 재무제표 본문 밖의 '별지'에 기술한 것을 말한다.

기본적인 주석사항은 회사의 개황과 주요 영업내용, 회사가 채택한 회계정책, 자산과 부채의 측정기준 등이 있다.

객관식 연습문제

01 다음의 설명된 내용과 재무제표의 연결이 바르지 않은 것은? [전산회계2급 36회]

① 기업의 일정시점의 재무상태를 나타내는 표 – 재무상태표
② 기업의 일정시점의 경영성과를 나타내는 표 – 이익잉여금처분계산서
③ 기업의 일정기간의 자본변동을 나타내는 표 – 자본변동표
④ 기업의 일정기간의 수익, 비용을 나타내는 표 – 손익계산서

02 다음의 재무제표 중에서 발생주의에 따라 작성되는 보고서가 아닌 것은?

① 재무상태표　② 포괄손익계산서
③ 자본변동표　④ 현금흐름표

03 다음 중에서 일정기간의 경영성과를 나타내는 재무제표 구성요소는?

① 포괄손익계산서　② 재무상태표
③ 자본변동표　④ 현금흐름표

04 다음의 재무제표 중 특정시점의 기업의 재무상태를 표시하는 보고서는?

① 재무상태표　② 포괄손익계산서
③ 자본변동표　④ 현금흐름표

05 재무상태표에 대한 설명으로 옳은 것은? [기업회계3급 22회]

① 부채는 유형부채와 비유형부채로 구분한다.
② 자본은 자본금, 자본잉여금, 이익잉여금으로 구분한다.
③ 일정 시점 현재 기업이 보유하고 있는 경제적 자원인 자산과 경제적으로 지급 의무인 부채, 그리고 자본에 대한 정보를 제공하는 재무보고서이다.
④ 자산은 유형자산과 비유형자산으로 구분한다. 유형자산은 당좌자산과 재고자산으로 구분하고, 비유형자산은 재고자산, 유동자산, 무형자산, 기타비유동자산으로 구분한다.

06 현금흐름표에서 나타나는 현금흐름의 정보가 주는 유용성이 아닌 것은?

[기업회계2급 24회]

① 재무적 탄력성
② 소유주의 투자 및 분배에 따른 포괄이익
③ 현금지급능력
④ 기업의 수익성 및 위험

07 다음 ( ) 안에 들어갈 내용으로 옳은 것은?

( )은(는) 기업실체의 자산에 대한 소유주의 잔여청구권, 순자산, 소유주의 지분으로 정의될 수 있다.

① 자산 ② 부채 ③ 자본 ④ 당기순이익

08 재무제표의 일부인 주석에 대한 설명이 적절하지 않은 것은? [전산회계2급 43회]

① 재무제표의 작성기준 및 중요한 거래와 회계사건의 회계처리에 적용한 회계정책을 표시한다.
② 재무제표의 본문에 표시되지 않는 사항으로 재무제표를 이해하는데 필요한 추가정보가 포함된다.
③ 기업회계기준에서 주석공시를 요구하는 사항을 표시한다.
④ 재무제표상의 해당과목과 밀접한 관련사항을 재무제표 본문에 괄호를 해서 기재한다.

09 다음의 작성방법은 어느 것을 나타내는 것인가? [전산회계2급 51회]

해당 개별항목에 기호를 붙이고 별지에 동일한 기호를 표시하여 그 내용을 설명한다.

① 주기 ② 주석
③ 인식 ④ 측정

10 다음 자료에서 기초부채를 계산하면 얼마인가? [전산회계2급 48회]

• 기초자산 : 60,000원	• 추가출자 : 15,000원	• 기말자산 : 70,000원
• 기말부채 : 30,000원	• 당기순이익 : 5,000원	

① 30,000 ② 40,000
③ 50,000 ④ 60,000

객관식 연습문제 해답

01 ② 기업의 일정기간의 경영성과(수익과 비용)를 나타내는 표는 손익계산서이다.

02 ④ 현금흐름표는 현금주의하에서 작성되는 보고서이다.

03 ① 일정기간의 경영성과를 나타내는 보고서는 포괄손익계산서이다.

04 ① 재무상태는 자산, 부채, 자본의 상태를 표시하는 것으로 재무상태표이다.

05 ③ 부채는 유동부채와 비유동부채로 구분하고, 유동자산은 당좌자산과 재고자산으로 구분하고, 비유동자산은 투자자산, 유형자산, 무형자산, 기타비유동자산으로 구분한다. 자본은 자본금, 자본잉여금, 자본조정, 기타포괄손익누계액, 이익잉여금으로 구분한다.

06 ② 〈재무회계개념체계 81〉 현금흐름 정보는 기업실체의 현금지급능력, 재무적 탄력성, 수익성 및 위험 등을 평가하는 데 유용하며, 여러 기업실체의 미래현금흐름의 현재가치를 비교하고 기업가치를 평가하는 데 필요한 기초자료를 제공한다.

07 ③ 재무회계개념체계[문단104] 자본은 기업실체의 자산 총액에서 부채 총액을 차감한 잔여액 또는 순자산으로서 기업실체의 자산에 대한 소유주의 잔여청구권이다.

08 ④ 재무제표상의 해당과목 또는 금액에 기호나 번호를 붙이고 별지에 그 내용을 간결하게 설명하는 것이 주석이다. ④번은 주기에 대한 설명이다.

09 ② 일반기업회계기준 2장 실무지침 53

10 ② 기초자본 ? + 추가출자 15,000원 + 순이익 5,000원 = 기말자본 40,000원(기말자산–기말부채). 따라서 기초자본은 20,000원. 기초자산 60,000원 = 기초부채 ? + 기초자본 20,000원. 따라서 기초부채는 40,000원이다.

저자가 알고 있는 지인은 담낭에 담석이 생겨 한 때 고생을 한 적이 있었다. 정기적인 건강검진에서 담석이 발견되었고 심각한 상태가 아니기 때문에 6개월 단위로 추적 관리를 하는 것이 좋겠다는 의사의 권고에 따라 학교 근처 병원에서 관리를 해왔었다.

그런데 원인을 알 수 없는 복통이 매년 1~2회 정도 나타나 그때마다 응급실로 실려 가거나 긴급 처방을 받고 고통을 가라앉히곤 했었지만, 정작 관리를 받고 있는 병원 측에선 초음파 검사 결과, 담석의 사이즈에 큰 변화가 없으므로 복통의 원인이 담석 탓일 수도 있지만 주된 원인은 아닌 것 같다는 소견을 밝히곤 하였다.

국내외 출장이 잦은 관계로 갑작스러운 통증으로 곤란을 겪을지 모른다는 불안감과 주위의 권유에 따라 서울 신촌에 있는 대학병원에서 검진을 받았다. 담낭과 췌장 분야의 권위자인 담당의사는 준비해 간 각종 검사결과를 보고 곧바로 담석이 복통의 원인임을 짚어내었다. 계속 방치하면 담낭암으로 악화될 수 있음을 경고하는 바람에 지인은 결국 담낭을 제거하는 수술을 받게 되었다. 쓸개 없는 사람이 되었지만 그 후로 원인모를 복통은 완전히 사라졌다.

두 의사는 원인모르는 복통이 담석 탓임을 짐작했지만, 전자의 경우는 아주 가벼운 정도의 원인으로, 후자의 경우는 심각한 정도의 직접적인 원인으로 파악하였음을 알 수 있다. 앞에서 배운 재무제표를 분석할 때도 같은 이치가 적용된다. 단순한 회계 수치만으로는 회사의 내부사정을 정확하게 파악할 수 없지만, 초음파검사나 CT검사의 결과처럼 재무제표에 표시된 형식과 내용을 보고 회사의 문제 발생소지를 추정할 수 있게 된다. 이런 내용은 회계학 공부를 체계적으로 하다보면 자연스럽게 터득할 수 있다.

CHAPTER 03

계정과목

제1절 계정

1. 계정의 의의

계정(account : a/c)은 자산, 부채, 자본, 수익, 비용에 속하는 여러 항목들의 증감을 기록하는 구체적인 장소를 말한다.

〈표 3-1〉 계정의 형식(T계정)[1]

계정과목	
좌측 또는 차변	우측 또는 대변

2. 계정의 구성

재무상태표나 손익계산서처럼 각각의 계정을 왼쪽을 차변(Dr : Debit), 오른쪽을 대변(Cr : Credit)으로 구분한다.

1) 재무상태표 계정

재무상태표 계정은 자산, 부채, 자본계정으로 회계기간말 잔액(결산 후 잔액)이 존재하며, 당기에서 차기로 이월되어 차기의 기초잔액이 된다. 이를 실제계정 또는 영구계정이라 한다.

1) 차변(debit)은 계정의 좌측, 대변(credit)은 계정의 우측을 말하며, 차기(debiting)는 차변계정에 기록하는 것, 대기(crediting)는 대변계정에 기록하는 것을 의미한다. 그리고 자산, 비용계정은 정상잔액(평상잔액)이 차변에 발생하며, 부채와 자본, 수익계정은 정상잔액(평상잔액)이 대변에 발생한다.

2) 손익계산서 계정

손익계산서 계정은 수익, 비용계정으로 회계기간말 잔액(결산 후 잔액)이 남지 않는 것으로 해당계정의 회계기간말 잔액이 0이 되어 차기로 이월되지 않는다. 이를 명목계정 또는 임시계정이라한다.

〈표 3-2〉 **계정의 구성**

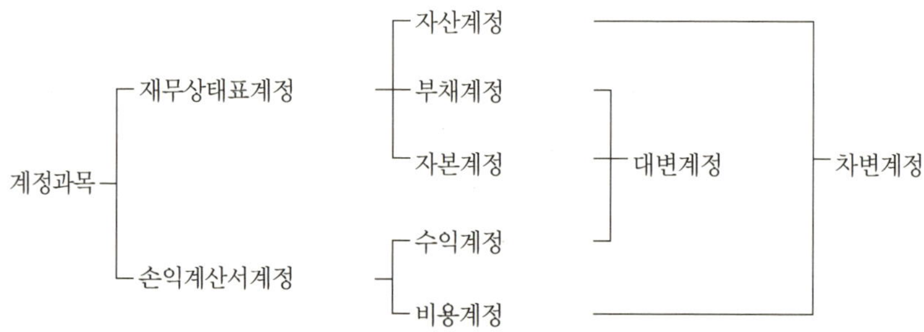

제2절 계정의 분류

1. 재무상태표 계정

1) 자 산

자산은 과거사건의 결과로 기업이 통제하는 미래 경제적 효익을 창출할 것으로 기대하는 자원이다. 자산은 크게 유동자산과 비유동자산으로 분류할 수 있다.

(1) 유동자산

유동자산(current assets)은 단기간 내에 현금화되거나 정상적인 영업활동으로 소멸되는 경제적 자원이다. 유동자산의 종류는 크게 당좌자산과 재고자산으로 분류된다.

〈표 3-3〉 유동자산

분 류		계 정 과 목	내 용
유동자산	당좌자산	**현금및현금성자산**	현금(통화, 통화대용증권), 현금성자산(현금전환용이, 이자율변동에 따른 가격변동 경미, 취득일로부터 만기가 3개월 이내 도래하는 증권 등)
		단기금융상품	취득일로부터 만기가 3개월 초과 1년 이내 도래하는 금융상품
		단기매매금융자산	단기 자금운용목적으로 소유하는 주식, 채권 등
		단기대여금	차용증서를 받고 타인에게 1년 이내 기한으로 금전을 빌려준 경우
		매출채권	일반적 상거래에서 발생한 **외상매출금**과 **받을어음**
		선급비용	일반적 상거래 이외에서 현금 지급분 중 차기이후에 귀속되는 비용
		미수수익	일반적 상거래 이외에서 발생한 수익 중에서 미수액
		미수금	일반적 상거래 이외에서 발생한 미수채권액
		선급금	일반적 상거래에서 발생한 현금 선지급액
	재고자산	**상품**	유통업에서 판매를 목적으로 구입한 재화
		제품	제조업에서 판매를 목적으로 기업 내에서 제조한 재화
		반제품	생산공정 상 모든 공정을 다 거치진 않았지만 판매 가능한 중간제품
		재공품	생산공정 중에 있는 재화
		원재료	생산공정에 투입되는 재화
		저장품	소모성 자산(소모품, 수선용부분품)으로 미사용 재화

(2) 비유동자산

비유동자산(non-current assets)은 장기성 자산으로 투자자산, 유형자산, 무형자산, 기타비유동자산으로 구분된다. 투자목적으로 보유하는 자산은 투자자산으로, 영업활동에 사용할 목적으로 장기간 보유하고 있는 영업용 자산은 유형자산으로 분류하여야 한다. 그리고 무형자산은 물리적 형체가 없지만 식별가능하고, 기업이 통제하고 있는 미래 경제적 효익을 창출하는 비화폐성자산이다.

〈표 3-4〉 **비유동자산**

<table>
<tr><th colspan="2">분 류</th><th>계 정 과 목</th><th>내 용</th></tr>
<tr><td rowspan="20">비유동자산</td><td rowspan="6">투자자산</td><td>매도가능금융자산</td><td>단기매매금융자산, 만기보유금융자산으로 분류되지 않는 장기투자목적의 증권(주식, 채권)</td></tr>
<tr><td>만기보유금융자산</td><td>만기가 확정되고, 만기까지 보유할 적극적 의도와 능력을 가지고 보유하는 증권(채권)</td></tr>
<tr><td>관계기업투자주식</td><td>투자회사가 피투자회사에 중대한 영향력을 행사하기 위해 보유하는 증권(주식)</td></tr>
<tr><td>투자부동산</td><td>투자 목적으로 보유하는 건물, 토지 등</td></tr>
<tr><td>장기금융상품</td><td>결산일로부터 만기일이 1년 이후에 도래하는 금융상품</td></tr>
<tr><td>장기대여금</td><td>회수기간이 1년 이후로 도래하는 대여금(채권)</td></tr>
<tr><td rowspan="6">유형자산</td><td>토지</td><td>영업(생산)활동에 사용하기 위해 구입한 대지, 임야, 잡종지 등</td></tr>
<tr><td>건물</td><td>영업(생산)활동에 사용하는 사무실, 창고, 기숙사, 공장, 점포 등</td></tr>
<tr><td>기계장치</td><td>영업(생산)활동에 사용하는 기계장치 및 운송설비와 기타의 부속설비</td></tr>
<tr><td>비품</td><td>영업(생산)활동에 사용하는 책상, 의자, 컴퓨터, 복사기 등</td></tr>
<tr><td>차량운반구</td><td>영업(생산)활동에 사용하는 자동차, 기타의 육상운반구 등</td></tr>
<tr><td>건설중인 자산</td><td>영업(생산)활동에 사용할 유형자산을 회사가 건설하면서 지출한 금액으로서 미완성된 자산</td></tr>
<tr><td rowspan="4">무형자산</td><td>영업권</td><td>기업간 매수합병시에 인식(합병대가-피합병기업순자산공정가치)</td></tr>
<tr><td>개발비</td><td>신제품, 신기술 등의 개발 비용의 자산요건 충족</td></tr>
<tr><td>산업재산권</td><td>배타적 권리를 가지는 특허권, 실용신안권, 상표권 등</td></tr>
<tr><td>기타무형자산</td><td>라이선스, 저작권, 프랜차이즈, 광업권, 어업권 등</td></tr>
<tr><td rowspan="4">기타</td><td>이연법인세 자산</td><td>회계기준과 세법의 일시적 차이로 미래에 지급할 법인세가 감소하게 되는 경우</td></tr>
<tr><td>임차보증금</td><td>건물 등을 임차할 때 지급한 보증금</td></tr>
<tr><td>장기매출채권</td><td>일반적 상거래에 발생한 외상매출금, 받을어음으로 회수기간이 1년 이후에 도래하는 채권</td></tr>
<tr><td>장기미수금</td><td>일반적 상거래 이외에서 발생한 기타채권으로 회수기간이 1년 이후에 도래하는 채권</td></tr>
</table>

2) 부 채

부채는 과거사건의 결과 경제적 효익이 내재된 자원이 기업외부로 유출될 것으로 기대되는 현재의 의무이다. 기업회계기준에서는 부채를 유동부채와 비유동부채로 분류하고 있다. 매입채무, 미지급비용 등 영업활동과 관련된 부채는 1년 또는 정상영업순환주기에 따라 유동부채와 비유동부채로 분류하고, 기타의 부채는 1년을 기준으로 구분한다.

(1) 유동부채

유동부채(current liabilities)는 보고기간일(결산일)로부터 만기가 1년 이내에 도래하는 부채를 유동부채라 한다. 다만 정상영업주기내에 소멸할 것으로 예상되는 매입채무와 미지급비용 등은 1년 이내에 결제되지 않아도 유동부채로 분류한다.

〈표 3-5〉 유동부채

분 류	계 정 과 목	내 용
유동부채	**매입채무**	일반적 상거래에서 발생한 **외상매입금**과 **지급어음**
	단기차입금	재무상태표일로부터 1년 이내에 상환될 차입금
	미지급금	일반적 상거래 이외에서 발생한 미지급 채무
	미지급비용	일반적 상거래 이외에서 발생한 비용으로 아직 지급하지 않은 금액
	미지급법인세	당기에 납부할 법인세로서 미지급한 금액
	선수금	일반적 상거래에서 발생한 채무로서 계약상 미리 받은 금액
	선수수익	일반적 상거래 이외에서 발생한 채무로서 수익과 관련하여 수익이 실현되지 않았지만 미리 받은 금액
	예수금	일반적 상거래 이외에서 발생한 채무로서 소득세 원천징수액, 부가가치 원천징수액 등이 해당됨
	유동성장기부채	비유동부채의 만기가 결산일로부터 1년 내 도래하여 비유동부채가 유동부채로 대체된 금액

(2) 비유동부채

유동부채에 속하지 않는 부채를 말하며, 비유동부채는 장가차입금부채, 장기충당부채 및 기타유동부채로 구분되어 재무상태표에 표시된다.

〈표 3-6〉 **비유동부채**

분 류	계정과목	내 용
비유동부채	**사채**	재무상태표일로부터 1년 이후에 상환기일이 도래하는 회사채
	장기차입금	재무상태표일로부터 1년 이후에 상환되는 차입금
	제품보증충당부채	제품판매 후 제품보증수리를 행하는 과정에서 비용의 지출을 수반하는 보증의무
	복구충당부채	가스, 석유개발 등의 경우 환경회복을 위해 미래 지출해야 하는 금액의 현재가치로 계산한 미래 지급해야 하는 금액
	전환사채	복합금융상품으로 사채권자가 주식전환을 요구할 수 있는 사채
	신주인수권부사채	복합금융상품으로 사채권자에게 신주를 인수할 수 있는 권리가 부여된 사채
	이연법인세부채	당기에 법인세 납부를 유보시키는 일시적 차이로 차기이후에 법인세를 더 부담해야 하는 금액
	임대보증금	임대인이 계약기간 만료 후에 받았던 보증금을 상환하는 금액
	장기매입채무	매입채무(외상매입금, 지급어음)중에서 상환기간이 1년 후에 도래하는 금액
	장기미지급금	미지급금 중에서 상환기간이 1년 후에 도래하는 금액

3) 자 본

자본(owner's equity)은 자산에서 부채를 차감한 순자산으로 잔여지분 또는 소유주지분 등으로 정의한다. 자본은 자본금, 자본잉여금, 자본조정, 이익잉여금, 기타포괄손익누계액 등으로 구분한다.

〈표 3-7〉 **자 본**

분 류	계정과목	내 용
자본	**자본금**	보통주자본금 = 액면가액×발행주식수 우선주자본금 = 액면가액×우선주식수
	자본잉여금	**주식발행초과금**, 감자차익, 자기주식처분이익
	자본조정	자기주식, **주식할인발행차금**, 감자차손, 자기주식처분손실 등
	기타포괄손익누계액	**매도가능증권평가손익**, 해외사업환산손익, 재평가잉여금 등
	이익잉여금	**이익준비금**, 기타법정적립금, 임의적립금, 미처분이익잉여금 등

2. 손익계산서 계정

1) 수 익

수익(revenues)이란 기업이 일정기간 동안 고객에게 재화를 판매하거나 용역을 제공하고 그 대가로 획득한 현금 또는 수취채권을 말한다. 수익은 기업의 경영활동과 관련하여 순자산의 증가를 가져오는 것이다. 수익은 영업주기 전반에 걸쳐 물품을 판매하고 대금을 회수하기 위한 영업활동이 수행되어 현금 또는 현금청구권이 확보되고, 수익창출활동이 사실상 완료(earned)되는 시점에 인식한다.

(1) 영업수익

기업의 경상적이고 반복적인 주된 영업활동의 결과로 발생하는 경제적 효익의 증가분, 순자산의 증가분을 영업수익으로 분류한다. 기업의 대표적인 영업수익은 매출액이다. 매출액은 기업의 주된 영업활동에서 발생한 상품, 제품의 판매 또는 용역의 제공으로 실현된 금액으로 순매출액을 의미한다.

〈표 3-8〉 영업수익계정

<table>
<tr><th>분 류</th><th colspan="2">계 정 과 목</th><th>내 용</th></tr>
<tr><td rowspan="2">영업 수익</td><td rowspan="2">매출액</td><td>상품매출액</td><td>기업(유통업)의 대표적 수익으로 상품의 판매금액</td></tr>
<tr><td>제품매출액</td><td>기업(제조업)의 대표적 수익으로 생산한 제품의 판매금액</td></tr>
</table>

(2) 영업외수익(기타수익)

기업의 비경상적이고 비반복적인 영업활동과 영업이외의 활동에서 발생하는 경제적 효익의 증가분을 의미한다. 즉, 영업활동 이외의 보조적, 부수적인 활동에서 순환적으로 발생하는 수익이다. 임대료, 이자수익, 배당금수익, 단기매매증권평가이익, 유형자산처분이익 등이 있다.

〈표 3-9〉 **영업외수익계정**

분 류	계 정 과 목	내 용
영업외 수익	**이자수익**	금융상품, 대여금, 채권에서 발생하는 이자수령액
	배당금수익	주식 등의 투자로 인한 이익을 현금으로 분배받는 것
	수수료수익	서비스를 제공하고 받는 수수료 수입
	임대료수익	부동산 등을 대여하고 받는 대가(임대료)
	단기매매금융자산처분이익	단기매매금융자산을 장부가액 이상으로 처분했을 때 발생한 이익(처분가액-장부가액)
	단기매매금융자산평가이익	결산일에 단기매매금융자산의 공정가액이 장부가액보다 큰 경우 그 차이에 해당하는 금액(공정가액-장부가액)
	외환차익	외화표시 채권과 채무의 발생시점의 환율과 회수 또는 상환시점의 환율차이에서 발생하는 금액(채권, 채무 회수와 상환)
	외화환산이익	외화표시 채권과 채무의 발생시점의 환율과 결산시점의 환율의 차이로 발생한 금액(채권, 채무가 존속)
	유형자산처분이익	유형자산의 처분가액이 장부가액 이상일 때 발생 이익
	채무면제이익	채권자 등으로부터 채무를 면제받는 경우에 면제금액
	보험차익	보험수령액이 피해금액보다 큰 경우 그 차이에서 발생한 금액
	자산수증이익	주주 등이 자산을 무상으로 회사에 불입한 경우 그 자산의 금액
	잡이익	영업활동 이외에서 발생하는 소액의 이익
	만기보유금융자산손상차손환입	만기보유금융자산의 손상차손 회복이 된 경우의 회복액과 장부가액의 차액
	사채상환이익	사채의 조기상환시 사채의 장부가액보다 상환가액이 적은 경우 그 차이에서 발생한 금액

2) 비 용

비용은 기업이 일정기간동안 수익을 얻기 위하여 발생된 지출을 의미한다. 비용은 기업의 경제적 효익 감소분을 지칭하며 순자산을 감소시킨다. 비용은 크게 매출원가와 판매비와 관리비, 영업외비용(기타비용)으로 구분한다.

(1) 매출원가

매출원가는 상품, 제품 등의 매출액에 대응되는 원가로서 일정기간 중에 판매된 상품이나 제품 등에 대해 배분된 매입원가 또는 제조원가를 말한다.

매출액과 직접 대응되는 원가로서 일정기간 동안 판매된 상품이나 제품에 대한 매입원가이다.

〈표 3-10〉 매출원가계정

분 류	계 정 과 목		내 용
매출원가	매출원가	상품매출원가	상품의 판매수량과 상품의 단위당 매입원가를 곱한 금액
		제품매출원가	제품의 판매수량과 제품의 단위당 제조원가를 곱한 금액
	매 입		상품을 구입하면서 매입계정으로 기록(3분법, 실지재고조사법), 임시계정으로 기말에 매출원가 비용으로 대체됨-재고자산을 실지재고조사법에 의해 기록할 때 사용하는 계정과목

(2) 판매비와 관리비

판매비와 관리비는 상품과 용역의 판매활동 또는 회사의 관리와 유지에서 발생하는 비용으로 매출원가에 속하지 아니하는 모든 영업비용을 포함한다. 예를 들면 급여, 복리후생, 광고선전비, 임차료, 감가상각비 등이 있다.

〈표 3-11〉 판매비와 관리비계정

분 류	계 정 과 목	내 용
판매비와 관리비	물류원가	상품과 제품의 운송에 따른 운반비와 보관료
	급여	생산직 이외의 직원에게 근로의 대가로 지급하는 금액
	퇴직급여	1년 이상 근무한 임·직원이 퇴직할 때 지급하는 금액
	복리후생비	생산직 이외의 직원에게 복리후생을 위해 지급하는 금액(회식비, 경조사비 등)
	접대비	사업과 관련하여 지출되는 금액
	임차료	부동산 등을 임차하여 사용하고 대가로 지급하는 금액
	감가상각비	유형자산의 취득원가를 체계적이고 합리적으로 기간배분하여 비용화한 금액
	무형자산상각비	무형자산의 취득원가를 체계적이고 합리적으로 기간배분하여 비용화한 금액
	세금과공과	국가와 지방자치단체의 각종 세금과 비용
	광고선전비	제품과 상품의 판매를 촉진하기 위해 지출하는 금액
	대손상각비	매출채권에 대한 대손추산액의 설정금액과 회수불능 채권에 대한 충당금의 부족액
	연구비	무형자산의 취득과정 중 연구단계에 지출하는 금액
	경상개발비	무형자산의 취득과정 중 개발단계에 지출한 금액이나 자본화요건을 충족하지 못한 금액
	여비교통비	출장비, 교통비 등으로 지급하는 금액
	통신비	전화, 우편요금 등으로 지급하는 금액
	보험료	각종 보험료로 지급하는 금액
	차량유지비	영업용 차량의 유지와 관련하여 지출하는 금액(유류대, 수리비)
	수선비	건물, 기계장치 등의 수리비로 지급하는 금액

분 류	계 정 과 목	내 용
판매비와 관리비	**소모품비**	사무용품 등을 구입하고 최초 지급한 금액을 비용처리한 금액 또는 최초 구입시 소모품 계정(자산)처리 했을 때 결산수정분개에서 사용분에 대한 금액
	잡비	신문구독료, 회의비 등의 소액 지출금액

(3) 영업외 비용(기타비용)과 법인세 비용

매출수익을 얻기 위한 주된 영업활동 이외의 보조적 또는 부수적인 활동에서 경상적이고 반복적으로 발생하는 비용이다. 이자비용, 단기매매증권평가손실, 유형자산처분손실, 재고자산평가손실 등이 있다.

〈표 3-12〉 **영업외비용과 법인세비용계정**

분 류	계 정 과 목	내 용
영업외 비용	이자비용	타인자본의 사용대가로 지불하는 금액(금융원가)
	기타의대손상각비	매출채권 이외의 채권(대여금, 미수금, 미수수익)에 대한 대손추산액 또는 회수불능채권에 대한 대손충당금 부족액
	유형자산처분손실	유형자산의 처분가액이 장부가액 이하일 때 발생하는 손실금액
	투자자산처분손실	투자자산의 처분가액이 장부가액 이하일 때 발생하는 손실금액
	외환차손	외화표시 채권(채무)의 발생시점의 환율이 회수(상환) 시점의 환율보다 낮아서(높아서) 발생하는 손실액, 채권과 채무의 종결거래에 해당
	외화환산손실	외화표시 채권(채무)을 결산일에 환율로 평가하는 경우에 발생하는 계정으로 발생시점과 결산일의 환율을 비교하여 환율이 하락(상승)한 경우의 채권 감소(증가)와 관련된 손실액, 채권과 채무의 계속거래에 해당
	기부금	불특정 다수에게 대가없이 지급하는 금전 및 물품의 금액
	재고자산감모손실	재고자산의 수량을 기말에 평가할 때 장부상 수량보다 실제 수량이 적은 경우 그 차이에 해당하는 금액(비정상적 발생분에 해당)
	만기보유금융자산손상차손	만기보유금융자산의 공정가치가 하락하여 회복가능성이 없는 경우 공정가치와 장부가액의 차이에 해당하는 금액(공정가치평가가 아님)
	사채상환손실	사채의 조기상환시 사채의 상환가액보다 장부가액이 적은 경우 그 차이에서 발생한 금액
	잡손실	영업활동과 관계없이 발생한 손실액
	재해손실	천재지변 등으로 발생한 손실액
법인세비용		법인의 소득에 대해 부과하는 세금

객관식 연습문제

01 재무상태표상 자산, 부채 계정에 대한 분류가 잘못 연결된 것은?

[전산회계1급 48회]

① 미수수익 : 당좌자산　　② 퇴직급여충당부채 : 유동부채
③ 임차보증금 : 기타비유동자산　　④ 장기차입금 : 비유동부채

02 다음 내용에 가장 알맞은 계정과목은? [전산회계2급35회]

회사에서 직원이 납부해야 할 건강보험료 및 소득세를 급여에서 차감하여 보관하고 있는 금액

① 예수금　　② 선수금
③ 선수수익　　④ 미지급비용

03 상품이외의 자산을 외상으로 매각한 경우 발생하는 채권과 관련 있는 계정은?

[전산회계2급38회]

① 미수금　　② 선수금
③ 미수수익　　④ 가수금

04 다음의 계정 중 잔액은 항상 차변에 있으며 임시계정으로 원인이 판명되거나 또는 상품매매활동 등이 완료되면 없어지는 계정으로 짝지어진 것은?

[전산회계2급43회]

① 가수금, 선급금　　② 선수금, 가수금
③ 가지급금, 선급금　　④ 선수금, 가지급금

05 다음 중 재무상태표에 표시될 수 없는 계정과목은? [전산회계2급 51회]

① 예수금 ② 가수금 ③ 선수금 ④ 미수금

06 손익계산서에 표시되는 다음의 항목 중 성격이 다른 것은? [전산회계2급 51회]

① 기부금 ② 이자비용
③ 재해손실 ④ 대손충당금환입

07 다음 중 영업외수익에 해당하는 계정과목끼리 올바르게 연결한 것은?

① 선수수익-미수수익 ② 이자수익-선수수익
③ 이자수익-미수수익 ④ 이자수익-잡이익

08 다음 중 재무상태표에 매출채권으로 계상되는 금액은?

• 외상매출금	110,000원	• 받을어음	50,000원	• 단기대여금	30,000원
• 미수금	20,000원	• 선급금	10,000원	• 미수수익	10,000원

① 100,000원 ② 160,000원
③ 170,000원 ④ 200,000원

09 다음 중 영업외 손익사항이 아닌 것은?

① 재고자산평가손실 ② 화재손실
③ 기부금 ④ 외환차손

10 다음 중 영업이익 계산에 반영되지 않는 항목은?

① 기부금 ② 접대비
③ 상품광고선전비 ④ 직원교육훈련비

11 다음 중 복리후생비에 속하지 않는 것은? [전산회계2급 47회]

① 직원 경조사비 지급　② 직원 자녀 학자금 지급
③ 거래처 식사대 지급　④ 직원 작업복 지급

12 다음 중 판매비와 관리비로 분류되지 않는 것은? [전산회계2급 36회]

① 접대비　② 급여
③ 이자수익　④ 광고선전비

13 다음 중 선급비용에 해당하지 않는 것은? [전산회계2급 39회]

① 선급보험료　② 종업원에 대한 선급급여
③ 선급임차료　④ 선급이자

14 다음 중 손익계산서 계정의 구성요소가 아닌 것은?

① 매출액　② 영업외비용
③ 판매관리비　④ 미지급비용

15 다음 자료에 의한 서울상사의 총자산은 얼마인가? [전산회계2급 51회]

• 상 품 : 60,000원 • 미 수 금 : 30,000원 • 지급어음 : 10,000원 • 비품 : 15,000원
• 선수금 : 40,000원 • 받을어음 : 20,000원 • 외상매출금 : 35,000원

① 140,000원　② 150,000원
③ 160,000원　④ 170,000원

객관식 연습문제 해답

01 ② 퇴직급여충당부채는 비유동부채에 해당된다.

02 ① 직원부담액은 원천징수하여 회사가 대신 납부하므로 예수금 계정은 부채이다.

03 ① 미수금은 매출채권이 아니다. 일반적 상거래 이외에서 발생한 채권이다.

04 ③ 차변계정은 자산, 비용계정이다. 그리고 가지급금은 임시계정이며 선급금은 계약금을 먼저 지급한 경우 사용할 수 있는 계정으로 계약이행에 따라 본 계정으로 대체된다.

05 ② 가수금은 일시적으로 처리하는 임시계정이다.

06 ④ 대손충당금환입은 기타수익항목(영업외수익)에 해당된다.

07 ④ 이자수익과 잡이익은 영업외수익(기타수익)에 해당한다. 반면에 선수수익은 부채계정, 미수수익은 자산계정이다.

08 ② 매출채권은 외상매출금과 받을어음으로 구성된다.

09 ① 재고자산평가손실은 매출원가를 구성한다.

10 ① 기부금은 불특정 다수를 대상으로 하는 지출이므로 영업외비용(기타비용)에 해당한다.

11 ③ 거래처 식사대는 접대비에 해당한다.

12 ③ 이자수익은 영업외수익에 해당한다.

13 ② 종업원에 대한 선지급한 급여는 단기대여금이다.

14 ④ 미지급비용은 재무상태표의 부채에 해당한다.

15 ③ 60,000원 + 30,000원 + 15,000원 + 20,000원 + 35,000원 = 160,000원

주관식 연습문제

01 다음을 자산, 부채, 자본으로 분류하시오.

현금, 외상매출금, 외상매입금, 미수금, 미지급금, 건물, 사채, 대여금, 선급금, 자본금, 단기매매증권, 받을어음, 가지급금, 선수금, 미지급법인세, 매도가능증권, 비품, 상품, 단기차입금, 주식발행초과금, 지급어음, 보통예금, 당좌예금, 가수금

풀이

① 자 산(14)	
② 부 채 (8)	
③ 자 본 (2)	

02 다음의 계정과목이 자산, 부채, 자본, 수익, 비용 중 어느 것에 속하는지 분류란에 기입하시오.

계정과목	분 류	계정과목	분 류	계정과목	분 류
현 금		외상매입금		건물	
미수금		비품		기계장치	
외상매출금		미수수익		차량운반구	
지급어음		미지급비용		소모품	
미지급금		세금과공과		소모품비	
이자수익		수입임대료		단기대여금	
받을어음		임차료		경상개발비	
단기차입금		개발비		제품	
재공품		연구비		반제품	

03 다음 중 계정과목 중 자산(Assets)은 A, 부채(Liabilities)는 L, 자본(Capital stock)은 C로 분류하시오.

계정과목	분류	계정과목	분류	계정과목	분류	계정과목	분류
1. 외상매입금		2. 외상매출금		3. 자본금		4. 지급어음	
5. 상품		6. 보통예금		7. 당좌예금		8. 단기매매증권	
9. 매입채무		10. 비품		11. 소모품		12. 미수금	
13. 미지급금		14. 선수금		15. 선급금		16. 선수수익	
17. 선급비용		18. 단기차입금		19. 받을어음		20. 이익잉여금	
21. 건물		22. 차량운반구		23. 개발비		24. 대여금	

04 다음 중 계정과목 중 수익항목은 (수), 비용항목은 (비)로 구분표시하시오.

계정과목	분류	계정과목	분류	계정과목	분류	계정과목	분류
1. 매출		2. 접대비		3. 기부금		4. 급여	
5. 배당금수익		6. 매출원가		7. 수선비		8. 이자수익	
9. 이자비용		10. 연구비		11. 경상개발비		12. 임대료	
13. 임차료		14. 유형자산처분손실		15. 복리후생비		16. 소모품비	
17. 감가상각비		18. 여비교통비		19. 세금과공과		20. 잡이익	
21. 잡손실		22. 수수료비용		23. 수도광열비		24. 도서인쇄비	

05 다음 중 계정과목을 이용하여 자산총계, 부채총계, 자본총계를 계산하시오.

계정과목	금 액	계정과목	금 액
현 금	500,000	미지급금	500,000
건 물	1,000,000	차입금	200,000
비 품	300,000	매입채무	300,000
상 품	200,000	미지급비용	400,000
매출채권	400,000	자본금	1,000,000

풀이

① 자산총계	
② 부채총계	
③ 자본총계	

06 **다음의 자료를 이용하여 재무상태표에 자산, 부채, 자본(자본금과 당기순이익)을 기입하시오(단, 유동과 비유동을 구분하지 말 것).**

계정과목	금 액	계정과목	금 액	계정과목	금 액
현 금	300,000	외상매입금	120,000	건물	200,000
미수금	200,000	비품	150,000	기계장치	100,000
외상매출금	100,000	선수금	15,000	차량운반구	100,000
지급어음	500,000	미수수익	12,000	자본금	250,000
미지급금	477,000	단기대여금	100,000	소모품	100,000
이자수익	100,000	개발비	200,000	소모품비	200,000
매출액	700,000	기부금	300,000	접대비	100,000

풀 이

재무상태표

(주)경남 20×1년 12월 31일

차변(자산)	금 액	대변(부채, 자본)	금 액
차 변 합 계		대 변 합 계	

07 다음의 자료를 이용하여 수익과 비용, 기타포괄손익을 분류하시오.

매출액, 이자수익, 임차료, 임대료, 급여, 매출원가, 접대비, 기부금, 대손상각비, 수도광열비, 임금, 급여, 세금과공과, 잡손실, 잡이익, 도서인쇄비, 유형자산처분손실, 단기매매증권평가이익, 광고선전비, 교육훈련비, 단기매매증권처분손실, 매도가능증권평가손실, 유형자산재평가잉여금, 매도가능증권처분이익

풀이

① 수 익	
② 비 용	
③ 기타포괄손익	

08 다음의 계정과목들을 자산, 부채, 자본, 수익, 비용으로 분류하여 기록하시오.

외상매출금	선급금	임대료	보험료	이익잉여금
단기차입금	선수금	급여	받을어음	원재료
지급어음	선수수익	세금과공과	이자수익	차량운반구
미수금	임차료	수수료수익	대손상각비	비품
미수수익	잡손실	예수금	감가상각비	자본금

풀이

① 자 산	
② 부 채	
③ 자 본	
④ 수 익	
⑤ 비 용	

주관식 연습문제 해답

01

① 자 산(14)	현금, 외상매출금, 미수금, 건물, 대여금, 선급금, 단기매매증권, 받을어음, 가지급금, 매도가능증권, 비품, 상품, 보통예금, 당좌예금
② 부 채 (8)	외상매입금, 미지급금, 사채, 선수금, 미지급법인세, 단기차입금, 지급어음, 가수금
③ 자 본 (2)	자본금, 주식발행초과금

02

계 정 과 목	분 류	계 정 과 목	분 류	계 정 과 목	분 류
현 금	자산	외상매입금	부채	건물	자산
미수금	자산	비품	자산	기계장치	자산
외상매출금	자산	미수수익	자산	차량운반구	자산
지급어음	부채	미지급비용	부채	소모품	자산
미지급금	부채	세금과공과	비용	소모품비	비용
이자수익	수익	수입임대료	수익	단기대여금	자산
받을어음	자산	임차료	비용	경상개발비	비용
단기차입금	부채	개발비	자산	제품	자산
재공품	자산	연구비	비용	반제품	자산

03

계정과목	분류	계정과목	분류	계정과목	분류	계정과목	분류
1. 외상매입금	L	2. 외상매출금	A	3. 자본금	C	4. 지급어음	L
5. 상품	A	6. 보통예금	A	7. 당좌예금	A	8. 단기매매증권	A
9. 매입채무	L	10. 비품	A	11. 소모품	A	12. 미수금	A
13. 미지급금	L	14. 선수금	L	15. 선급금	A	16. 선수수익	L
17. 선급비용	A	18. 단기차입금	L	19. 받을어음	A	20. 이익잉여금	C
21. 건물	A	22. 차량운반구	A	23. 개발비	A	24. 대여금	A

04

계정과목	분류	계정과목	분류	계정과목	분류	계정과목	분류
1. 매출	수	2. 접대비	비	3. 기부금	비	4. 급여	비
5. 배당금수익	수	6. 매출원가	비	7. 수선비	비	8. 이자수익	수
9. 이자비용	비	10. 연구비	비	11. 경상개발비	비	12. 임대료	수
13. 임차료	비	14. 유형자산처분손실	비	15. 복리후생비	비	16. 소모품비	비
17. 감가상각비	비	18. 여비교통비	비	19. 세금과공과	비	20. 잡이익	수
21. 잡손실	비	22. 수수료비용	비	23. 수도광열비	비	24. 도서 인쇄비	비

05

① 자산총계	2,400,000원 (현금, 건물, 비품, 상품, 매출채권)
② 부채총계	1,400,000원 (미지급금, 차입금, 매입채무, 미지급비용)
③ 자본총계	1,000,000원 (자본금)

06

재무상태표

(주)마산 20×1년 12월 31일

차변(자산)	금 액	대변(부채, 자본)	금 액
현금	300,000	외상매입금	120,000
건물	200,000	선수금	15,000
미수금	200,000	지급어음	500,000
비품	150,000	미지급금	477,000
기계장치	100,000	자본금	250,000
외상매출금	100,000	이익잉여금	200,000
차량운반구	100,000		
미수수익	12,000		
단기대여금	100,000		
소모품	100,000		
개발비	200,000		
차변 합계	1,562,000	**대변 합계**	1,562,000

07

① 수 익	매출액, 이자수익, 임대료, 잡이익, 단기매매증권평가이익, 매도가능증권처분이익
② 비 용	임차료, 급여, 매출원가, 접대비, 기부금, 대손상각비, 수도광열비, 임금, 급여, 세금과공과, 잡손실, 도서인쇄비, 유형자산처분손실, 광고선전비, 교육훈련비, 단기매매증권처분손실
③ 기타포괄손익	매도가능증권평가손실, 유형자산재평가잉여금

08

① 자 산	외상매출금, 선급금, 받을어음, 원재료, 차량운반구, 비품, 미수금, 미수수익
② 부 채	단기차입금, 선수금, 지급어음, 선수수익, 예수금
③ 자 본	자본금, 이익잉여금
④ 수 익	임대료, 이자수익, 수수료수익
⑤ 비 용	보험료, 급여, 세금과공과, 임차료, 대손상각비, 잡손실, 감가상각비

씨티銀, 매출채권 위조 100억원대 대출사기 발생

3000억원대의 사기대출 사건에 이어 씨티은행에서도 100억원대의 매출 채권 사기가 발생한 것으로 드러났다. 2월 14일 금융권에 따르면 씨티은행은 삼성전자의 납품업체인 디지텍시스템스의 재무담당자가 매출채권을 위조해 대출을 받은 사실을 발견하고 검찰에 고발했다.

이번 사건에 이용된 매출채권은 달러화 표시 매출 채권으로 피해금액은 원화로 170억원 규모다. 매출 채권을 위조한 대출사기라는 점에서 앞서 발생한 KT ENS 사건과 수법은 유사한 것으로 알려졌다.

한편 디지텍시스템스는 재무제표를 허위로 작성·공시한 혐의로 이미 검찰에 고발된 상태다.

금감원 관계자는 "이번 씨티은행 사기와 관련해 공모자가 있는지 여부는 검찰수사에서 밝혀질 것"이라며 "현재 금감원은 씨티은행의 매출채권 담보대출이 적절하게 이루어졌는지 파악 중"이라고 밝혔다.

출처: 서울경제. 2014.02.14.

CHAPTER 04

분개와 전기

회계는 경영활동을 수행하는 과정에서 발생하는 경제적 사건을 식별하고 측정하여 전달하는 시스템으로, 거래기록에서 출발하여 재무보고에 이르는 모든 과정을 회계순환과정(accounting cycle)이라고 한다.

거래 식별	회계상 거래인 순자산의 변동과 수익과 비용의 발생 식별
↓	
분개	복식부기 제도, 거래의 이중성(원인, 결과)의 성질 이용 분개장 또는 전표에 기록
↓	
원장에 전기	분개장 또는 전표상의 내용을 원장에 기록하는 과정
↓	
수정전 시산표 작성	결산예비절차(잔액, 합계시산표) ─ 회계기록의 오류여부 검증함 / 재무제표 작성을 용이하게 함
↓	
결산수정분개 (원장전기)	결산수정사항의 분개와 원장전기(현금주의를 발생주의로 조정)
↓	
수정후시산표 와 정산표	결산수정사항을 분개장과 원장에 기록한 후 다시 오류 검증
↓	
재무제표	■ 재무상태표 ■ (포괄)손익계산서 ■ 자본변동표 ■ 현금흐름표
↓	
손익계정 마감	집합손익계정 설정(수익, 비용계정 마감)
↓	
재무상태표 계정 마감	자산, 부채, 자본 계정의 마감과 이월

[그림 4-1] 회계순환과정

제1절 거래의 발생

1. 거래의 결합관계

회계상 거래(transaction)란 재무제표의 구성요소 즉, 자산, 부채와 자본의 변화를 가져오는 것으로 장부의 기록대상이 되는 사건을 의미한다. 다시 말해 순자산의 변동을 가져오는 거래를 회계상 거래라고 한다.

〈표 4-1〉 **회계상 거래와 일반거래의 구분**

회계상의 거래		
화재, 분실, 도난, 훼손, 파손, 상품가격의 하락, 채권의 대손 등	상품매입과 매출, 자산의 취득과 매각, 자금의 차입과 상환 등	상품주문, 보관, 약속, 고용계약, 담보제공 등
	일반적 거래	

예제 1

다음 중에서 회계상의 거래이면 O, 그렇지 않으면 X로 표시하라.

① 상품을 구입하기로 하고, 계약금으로 150,000원을 지급하다.
② 현금 100,000원을 출자하여 영업을 개시하다.
③ 상품 150,000원을 외상으로 판매하였다.
④ 거래처의 파산으로 외상매출금이 회수불능되었다.
⑤ 화재로 인하여 창고 건물(장부가 10,000,000원)이 소실되었다.
⑥ 종업원의 급여 1,000,000원을 주기로 하고 채용하다.
⑦ 현금 400,000원을 분실하였다.
⑧ 월세 200,000원을 주기로 하고, 건물의 임대차 계약을 맺다.
⑨ 종업원에게 400,000원을 가불하여 주다.
⑩ 상품을 100,000원에 외상매입하다.

〈해답〉
① O, ② O, ③ O, ④ O, ⑤ O, ⑥ ×, ⑦ O, ⑧ ×, ⑨ O, ⑩ O

2. 거래의 8요소

거래의 8요소는 장부기입의 기초가 되는 것으로 자산의 증가, 자산의 감소, 부채의 감소, 부채의 증가, 자본의 감소, 자본의 증가, 비용의 발생, 수익의 발생 등 8가지 요소로 결합되어 구성된다. 거래 8요소의 결합관계는 좌측의 4가지와 우측의 4가지로 총 16가지로 나타낼 수 있다.

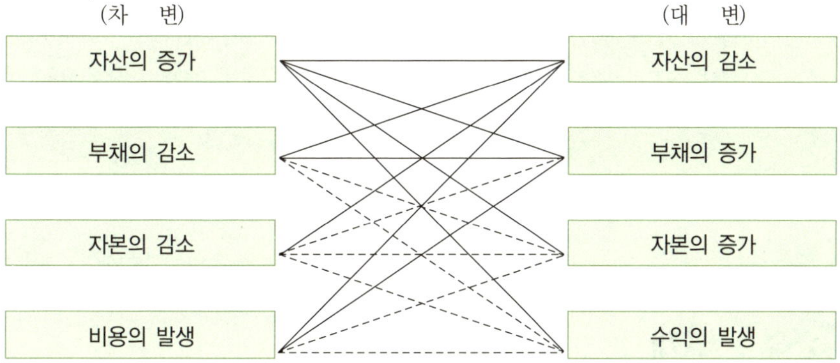

[그림 4-2] 거래의 8요소

회계거래에서 8요소는 서로 다양하게 결합된다. 회계거래의 발생 및 결합과 관련해서 ① 거래의 이중성, ② 대차평균의 원리, ③ 복식부기의 자기검증기능의 원칙이 작용한다.1)

〈표 4-2〉 거래의 결합관계의 예시

차 변	대 변	사 례
1. 자산의 증가	① 자산의 감소	상품 100원을 매입하고 대금은 현금으로 지급하다.
	② 부채의 증가	상품 100원을 외상으로 매입하다.
	③ 자본의 증가	현금 100원을 출자하여 영업을 개시하다.
	④ 수익의 발생	건물을 임대하고 임대료 100원을 현금으로 받다.
2. 부채의 감소	① 자산의 감소	상품의 외상매입대금 100원을 현금으로 상환하다.
	② 부채의 증가	외상매입대금 100원 상환을 위해 지급어음을 발행하다.

1) 거래의 결합관계에서 적용되는 원칙들로 첫째, 거래의 이중성이 있다. 이는 하나의 거래에 원인과 결과가 차변과 대변항목에 동시에 발생하는 것을 말한다. 둘째, 대차평균의 원리는 거래의 이중성의 원칙이 작용하여 회계장부의 차변합계와 대변합계가 일치하는 원리이다. 셋째, 복식부기의 자기검증기능은 대차평균의 원리에 의해 장부상의 오류를 검증하는 것을 말한다.

차 변	대 변	사 례
	③ 자본의 증가	차입금 100원을 자본금으로 전환하다.
	④ 수익의 발생	금융기관으로부터 차입금 100원을 면제받다.
3. 자본의 감소	① 자산의 감소	기업주가 개인용도로 현금 100원을 인출하다.
	② 부채의 증가	기업주의 자본금 100원을 감자하여 장기차입금으로 전환하다.
	③ 자본의 증가	재평가잉여금 100원을 자본(이익잉여금)으로 대체하다.
	④ 수익의 발생	기타포괄손익(매도가능금융자산평가이익) 100원을 당기손익으로 재분류하다.
4. 비용의 발생	① 자산의 감소	종업원의 급여 100원을 현금으로 지급하다.
	② 부채의 증가	차입금에 대한 당기발생 이자비용 100원을 차기에 지급하기로 하다.
	③ 자본의 증가	직원의 급여 100원을 출자금으로 전환하다.
	④ 수익의 발생	사채의 이자비용 100원을 대여금의 이자수익과 상계하다.

제2절 분개

1. 의의

분개(journalizing)란 회계거래를 장부에 기록하기 위해 회계거래를 발생일자 순으로 해당 계정과목의 차변 또는 대변에 동일 금액을 기록하는 행위를 말한다. 인식(recognizing) 또는 회계처리한다고 표현한다. 그리고 거래의 이중성에 따라 거래내용을 원인과 결과로 나누어 왼쪽 계정과 오른쪽 계정으로 나누는 것이다.

분개는 분개장에 발생순서에 따라 기입하는 것이 원칙이나 전표나 증빙서로 대신하기도 한다.

2. 방법

분개는 계정기입의 원칙에 따라 자산의 증가, 부채의 감소, 자본의 감소, 비용의 발생은 차변에 기록하고, 자산의 감소, 부채의 증가, 자본의 증가, 수익의 발생은 대변에 기록함으로써 완성된다.

예제 2

다음에서 제시하는 회계상 거래를 거래의 결합관계를 이용하여 회계처리(분개)하시오.

① 12월 11일 현금 800,000원을 출자하여 개업하다.
(차) 현금 800,000 (대) 자본금 800,000
* 거래결합관계 : 자산증가 / 자본증가

② 12월 12일 비품 50,000원을 현금으로 구입하다.
(차) 비품 50,000 (대) 현금 50,000
* 거래결합관계 : 자산증가 / 자산감소

③ 12월 15일 은행에서 현금 200,000원을 차입하다.
(차) 현금 200,000 (대) 차입금 200,000
* 거래결합관계 : 자산증가 / 부채증가

④ 12월 16일 종업원에게 현금 100,000원을 대여하다.
(차) 대여금 100,000 (대) 현금 100,000
* 거래결합관계 : 자산증가 / 자산감소

⑤ 12월 18일 상품 10,000원을 외상으로 매입하다.
(차) 상품 10,000 (대) 외상매입금 10,000
* 거래결합관계 : 자산증가 / 부채증가

⑥ 12월 19일 직원급여 2,000을 현금으로 지급하다.
(차) 급 여 2,000 (대) 현금 2,000
* 거래결합관계 : 비용발생 / 자산감소

⑦ 12월 20일 소모품 10,000원을 외상으로 구입하다.
(차) 소모품 10,000 (대) 미지급금 10,000
* 거래결합관계 : 자산증가 / 부채증가

⑧ 12월 21일 상품 1,000원을 외상으로 매출하다.
(차) 외상매출금 1,000 (대) 매출 1,000
* 거래결합관계 : 자산증가 / 수익발생

⑨ 12월 22일 은행에 10,000원을 당좌예입하다.
(차) 당좌예금 10,000 (대) 현금 10,000
* 거래결합관계 : 자산증가 / 자산감소

⑩ 12월 23일 차입금 200,000원과 이자 10,000원을 현금으로 지급하다.
(차) 차입금 200,000 (대) 현금 210,000
이자비용 10,000
* 거래결합관계 : 부채감소, 비용발생 / 자산감소

⑪ 12월 26일 기업주는 토지를 900,000원에 취득하여 현물출자하다.
(차) 토지 900,000 (대) 자본금 900,000
* 거래결합관계 : 자산증가 / 자본증가

⑫ 12월 31일 대여금 100,000원과 이자 20,000원을 현금으로 받다.
(차) 현금 120,000 (대) 이자수익 20,000
대여금 100,000
* 거래결합관계 : 자산증가 / 수익발생, 자산감소

3. 분개장과 전표

기업실체에서 발생한 회계상의 거래들은 발생순서에 따라 일자별로 장부에 기록해야 한다. 회계거래상의 거래들을 일자별로 기록한 장부가 분개장이다. 실무에서는 분개장 대신에 분개전표(slip)[2]를 더 많이 사용한다.

분개장이 분개들을 일자별로 기록한 책자라면 분개전표는 분개를 하나씩 기록한 종이쪽지이다. 분개전표는 일별, 주별, 월별로 분류하여 묶어 놓는데 분개장과 동일한 것이 된다.[3]

앞의 예제 중 일부를 분개장과 전표에 표시하면 다음과 같다.

〈표 4-3〉 분개장

일 자	적 요	차 변	대 변
12월 11일	현 금 자본금 (현금을 출자하여 영업을 개시하다.)	120,000	120,000
12월 12일	비 품 현 금 (비품을 구입하고 현금 지급하다.)	50,000	50,000
12월 18일	상 품 외상매입금 (상품을 외상으로 구입하다.)	10,000	10,000

〈표 4-4〉 분개전표

<table>
<tr><th colspan="4">분 개 전 표
20×1년 12월 11일</th></tr>
<tr><th colspan="2">차 변</th><th colspan="2">대 변</th></tr>
<tr><th>계정과목</th><th>금액</th><th>계정과목</th><th>금액</th></tr>
<tr><td>현 금</td><td>120,000</td><td>자본금</td><td>120,000</td></tr>
<tr><td colspan="4">[적요] 현금을 출자하여 영업을 개시하다.</td></tr>
</table>

2) 입금전표는 적색으로 인쇄된 현금의 입금이 수반되는 입금거래에 사용하는 전표이며, 출금전표는 청색으로 인쇄되어 현금의 지출이 수반되는 출금거래에 사용하는 전표, 대체전표(일부현금)는 흑색으로 인쇄되어 현금의 수입이나 지출이 없는 대체거래에 사용하는 전표이다. 대체전표에는 전부대체거래(대체전표 한 장으로 기표)와 일부대체거래(대체전표와 입 · 출금전표를 같이 작성)가 있다.

3) 분개전표는 다양한 형식을 가지고 있다.

제3절 전기

분개는 거래의 발생순서별로 모든 거래를 나열한 단순한 기록일 뿐 특정과목의 잔액이나 기업의 재무현황을 파악할 수는 없다. 따라서 분개장의 기록을 계정과목별로 총계정원장(General Ledger)에 옮겨 적는데 이것을 전기(posting)라 한다.

계정에 전기하는 방법은 첫째, 원장에서 해당계정을 찾아 분개의 차변금액은 해당계정의 차변에 기록하고, 분개의 대변금액은 해당계정의 대변에 기입하고 둘째, 차변과 대변에 기입한 금액의 앞에는 분개의 상대편 계정과목과 일자를 기입하면 된다. 단, 상대편 계정과목이 둘 이상일 경우는 '제좌'라 기입한다.

〈표 4-5〉 **전기의 절차**

① 분개의 차변계정	→	원장의 차변에 기록
② 분개의 대변계정	→	원장의 대변에 기록
③ 분개장의 페이지	→	원장의 분면란에 분개장 페이지 기입
④ 분개장의 차변 계정과목	→	원장의 차변에 상대편(대변) 계정과목 기입
⑤ 분개장의 대변 계정과목	→	원장의 대변에 상대편(차변) 계정과목 기입

만일 12월 22일 비품을 구입하고 50,000원을 현금 지급하였다고 가정할 때 이 거래를 분개장에 분개하고, 총계정원장의 각 계정에 전기하면 다음과 같다.

〈표 4-6〉 **분개장**

일 자	적 요	차 변	대 변
12월 22일	비 품 현 금 (비품을 구입하고 현금 지급하다.)	50,000	 50,000

〈표 4-7〉 총계정원장 전기

현 금	
	12월 22일 비 품 50,000

비 품	
12월 22일 현 금 50,000	

예제 3

다음의 분개를 이용하여 계정별 원장에 전기하시오.

일자	차 변	대 변
12월 1일	현 금 200,000	차입금 200,000
12월 3일	비 품 500,000	미지급금 500,000

현 금	
차변합계	대변합계

차입금	
차변합계	대변합계

비 품	
차변합계	대변합계

미지급금	
차변합계	대변합계

〈해답〉

현 금	
12/1 차입금 200,000	
차변합계	대변합계

차입금	
	12/1 현금 200,000
차변합계	대변합계

비 품	
12/3 미지급금 500,000	
차변합계	대변합계

미지급금	
	12/3 비품 500,000
차변합계	대변합계

분개 연습문제

01 다음과 같은 회계상 거래에서 적절한 계정과목을 이용하여 회계처리(분개)하시오.

1) 자산증가와 자산감소

(1) 상품을 구입하기로 하고, 계약금으로 1,050,000원을 지급하다.

구 분	차 변	대 변
분 개		

(2) 업무용 비품을 구입하고, 대금은 현금으로 1,500,000원을 지급하다.

구 분	차 변	대 변
분 개		

(3) 업무용 승용차를 구입하고, 대금은 현금으로 20,000,000원을 지급하다.

구 분	차 변	대 변
분 개		

(4) 업무용 비품을 1,000,000원에 구입하고, 대금은 당좌수표를 발행하다.

구 분	차 변	대 변
분 개		

(5) 본사 사옥을 매입하고, 대금으로 1,800,000원을 현금으로 지급하다.

구 분	차 변	대 변
분 개		

(6) 단기자금운용목적으로 회사채(만기 1년)를 현금 1,700,000원에 취득하다.

구 분	차 변	대 변
분 개		

(7) 회사채를 만기까지 보유할 목적으로 현금 1,500,000원을 지급하고 취득하다.

구 분	차 변	대 변
분 개		

(8) 장기투자목적으로 지분증권(주식)을 현금 2,800,000원을 지급하고 취득하다.

구 분	차 변	대 변
분 개		

(9) 상품의 외상판매대금인 외상매출금 1,700,000원을 회수하다.

구 분	차 변	대 변
분 개		

(10) 거래처에 현금 1,000,000원을 10개월간 대여하고 차용증서를 받다.

구 분	차 변	대 변
분 개		

(11) 업무용 비품(사무용 책상)을 800,000원에 매각하고, 대금은 다음 달에 받기로 하다.
(단, 감가상각비는 고려하지 않음)

구 분	차 변	대 변
분 개		

(12) 거래처에 업무용 중고 승용차를 6,000,000원에 매각하고, 대금은 어음으로 받다.
(단, 감가상각비는 고려하지 않음)

구 분	차 변	대 변
분 개		

(13) 사무실을 임차하기 위해서 보증금 100,000,000원을 임대인에게 현금 지급하다.

구 분	차 변	대 변
분 개		

(14) 현금 500,000원을 만기가 7개월인 정기예금에 예금하다.

구 분	차 변	대 변
분 개		

(15) 거래처 갑에서 제품 생산에 필요한 기계를 10,000,000원에 구입하고, 대금은 거래처 을에서 받은 받을어음을 배서양도하였다.

구 분	차 변	대 변
분 개		

2) 자산증가와 부채증가

(1) 상품 500,000원을 구입하고, 대금은 외상으로 하다.(단, 상품계정을 이용하여 기록할 것)

구 분	차 변	대 변
분 개		

(2) 업무용 비품 1,000,000원을 구입하고, 대금은 약속어음을 발행하다.

구 분	차 변	대 변
분 개		

(3) 상품 1,000,000원을 구입하고, 대금은 약속어음을 발행하다.

구 분	차 변	대 변
분 개		

(4) 업무용 컴퓨터를 1,500,000원에 구입하고, 대금은 다음달에 지급하기로 하다.

구 분	차 변	대 변
분 개		

(5) 거래처에 상품을 공급하기로 하고, 계약금 1,000,000원을 현금으로 받다.

구 분	차 변	대 변
분 개		

(6) 서울은행으로부터 현금 5,000,000원을 1년만기로 차입하다.

구 분	차 변	대 변
분 개		

(7) 신입사원 10명에 대한 신원보증금 5,000,000원을 회사가 징수하다. 단, 신원보증금은 퇴사시 회사가 반환한다.

구 분	차 변	대 변
분 개		

(8) 업무용 책상과 의자를 1,000,000원에 구입하고, 대금은 외상으로 하다.

구 분	차 변	대 변
분 개		

(9) 회사의 당좌예금계좌에 원인을 알 수 없는 금액 2,000,000원이 입금되다.

구 분	차 변	대 변
분 개		

(10) 거래처에 현금 1,000,000원을 10개월간 빌리고 차용증서를 발행하다.

구 분	차 변	대 변
분 개		

3) 자산증가와 자본증가

(1) 현금 1,000,000원을 출자하여 영업을 시작하다.

구 분	차 변	대 변
분 개		

(2) 기업주는 건물을 100,000,000원에 취득하여 현물출자하다.

구 분	차 변	대 변
분 개		

(3) 기업주는 업무용 자동차 20,000,000원을 추가로 출자하다.

구 분	차 변	대 변
분 개		

4) 자산증가와 수익발생

(1) 거래처로부터 위탁가공수수료 1,000,000원을 현금으로 받다.

구 분	차 변	대 변
분 개		

(2) 거래처에 대여한 대여금에 대한 이자 100,000원이 발생하였으나 다음달 받기로 하다.

구 분	차 변	대 변
분 개		

(3) 갑회사에 투자했던 지분증권(주식)에 대해 배당금 3,000,000원을 현금으로 받다.

구 분	차 변	대 변
분 개		

(4) 갑회사는 건물을 임대하고, 임대료로 현금 5,000,000원을 수령하다.

구 분	차 변	대 변
분 개		

5) 부채감소와 자산감소

(1) 거래처로부터 단기차입한 차입금 1,000,000원을 현금으로 상환하다.

구 분	차 변	대 변
분 개		

(2) 갑회사에 대한 외상매입금 100,000원을 현금으로 상환하다.

구 분	차 변	대 변
분 개		

(3) 갑회사는 외상매입금 1,000,000원을 을회사의 받을어음을 배서양도하여 지급하다.

구 분	차 변	대 변
분 개		

(4) 갑회사는 원재료를 외상구입하고 발행했던 지급어음 500,000원을 현금으로 지급하다.

구 분	차 변	대 변
분 개		

(5) 제품판매계약을 위해 을회사로부터 받은 계약금 300,000원을 계약취소로 반환하다.

구 분	차 변	대 변
분 개		

(6) 상품의 외상구입을 위해 발행한 약속어음 500,000원을 당좌수표 발행하여 상환하다.

구 분	차 변	대 변
분 개		

(7) 종업원에게 지급하지 못한 급여 10,000,000원을 이번 달에 현금지급하다.

구 분	차 변	대 변
분 개		

(8) 비품의 외상구입대금 500,000원을 당좌수표를 발행하여 지급하다.

구 분	차 변	대 변
분 개		

6) 부채감소와 부채증가

(1) 갑회사의 외상매입금 500,000원을 상환하기 위해 약속어음을 발행하다.

구 분	차 변	대 변
분 개		

(2) 갑회사에서 단기차입금 100,000원을 약속어음을 발행하여 지급하다.

구 분	차 변	대 변
분 개		

(3) 장기차입금 1,000,000원이 결산일로부터 만기가 1년 이내로 도래하여 유동성대체하다.

구 분	차 변	대 변
분 개		

7) 부채감소와 자본증가

(1) 전환사채권자가 사채 1,000,000원에 대해 전환권을 행사하였다.

구 분	차 변	대 변
분 개		

8) 부채감소와 수익발생

(1) 갑회사는 1,000,000원의 차입금의 상환을 을회사로부터 면제받다.

구 분	차 변	대 변
분 개		

9) 자본감소와 자산감소

(1) 갑회사의 기업주는 개인용도로 현금 5,000,000원을 인출하다.(기중 자본금 변동은 인출금 계정을 사용)

구 분	차 변	대 변
분 개		

10) 자본감소와 자본증가

(1) 자본잉여금 1,000,000원을 재원으로 무상증자하다.

구 분	차 변	대 변
분 개		

11) 비용발생과 자산감소

(1) 종업원 급여 1,000,000원을 현금으로 지급하다.

구 분	차 변	대 변
분 개		

(2) 영업부 직원 월말 회식비로 500,000원을 현금으로 지급하다.

구 분	차 변	대 변
분 개		

(3) 사무실 임차료 800,000원을 당좌수표로 발행하여 지급하다.

구 분	차 변	대 변
분 개		

(4) 영업부 건물의 재산세 100,000원을 현금 지급하다.

구 분	차 변	대 변
분 개		

(5) 영업부 직원 김경남씨의 출장비로 200,000원을 현금지급하다.

구 분	차 변	대 변
분 개		

(6) 영업무 직원 김창원씨의 결혼 축의금으로 100,000원을 현금 지급하다.

구 분	차 변	대 변
분 개		

(7) 갑회사는 제품 광고비로 10,000,000원을 제일기획에 현금지급하다.

구 분	차 변	대 변
분 개		

(8) 신제품 개발과 관련하여 초기 연구비로 20,000,000원을 현금지급하다.

구 분	차 변	대 변
분 개		

(9) 본사 건물의 화재보험료 2,000,000원을 현금지급하다.

구 분	차 변	대 변
분 개		

(10) 본사 건물의 페인트 도색비로 3,000,000원을 현금지급하다.(수익적 지출처리)

구 분	차 변	대 변
분 개		

(11) 차입금에 대한 이자비용 500,000원을 현금으로 지급하다.

구 분	차 변	대 변
분 개		

(12) 거래처 직원에게 추석선물세트를 500,000원에 현금으로 구입하여 선물하다.

구 분	차 변	대 변
분 개		

(13) 사회복지공동모금회에 5,000,000원을 불우이웃돕기 성금으로 지급하다.

구 분	차 변	대 변
분 개		

12) 비용발생과 부채증가

(1) 본사 영업부 직원의 회식비로 100,000원을 법인신용카드로 결제하다.

구 분	차 변	대 변
분 개		

(2) 거래처 갑회사 직원과의 저녁 식사로 100,000원을 법인신용카드로 결제하다.

구 분	차 변	대 변
분 개		

(3) 총무처 직원 5명에 대한 당월분 급여 20,000,000원을 다음 달 15일에 지급하기로 하다.

구 분	차 변	대 변
분 개		

(4) 단기차입금에 대한 이자비용 100,000원을 다음 달에 지급하기로 하다.

구 분	차 변	대 변
분 개		

(5) 갑회사는 당월에 점포를 200,000원에 임차하고 대금은 다음 달에 지급하기로 하다.

구 분	차 변	대 변
분 개		

(6) 영업용 차량의 유지비 500,000원을 다음 달 15일에 지급하기로 하다.

구 분	차 변	대 변
분 개		

02 다음은 회계순환과정의 필수적 절차에서 빈칸을 채우시오.(단, 수정전 시산표와 수정후 시산표와 정산표는 생략)

①거래발생 → ② → ③ → ④ → ⑤ → ⑥장부마감

03 다음 예와 같이 아래의 각 계정에 대한 증가와 감소, 발생, 소멸을 표시하시오. (단, 정상잔액의 해당 위치에 * 표시를 하시오.)

+ 자산	−
증 가	감 소
*	

*정상잔액(=평상잔액)

현금 및 현금성자산	

자본금	

외상매출금	

받을어음	

단기매매금융자산	

지급어음	

비품	보험료
상품매출액	급여
선급금	미수금
미수수익	선수수익
임차료	세금과공과
차량운반구	건물
당좌예금	보통예금
소모품	감가상각비
감가상각누계액	대손상각비

04 다음 (주)깔끔세탁의 거래내역이다. 분개를 하고, 원장에 전기하시오.

(1) 12월 1일 : 주식을 발행(액면발행)하여 현금 4,000,000원을 조달하였다.
(2) 12월 2일 : 사무실 임차료로 현금 100,000원을 지급하였다.
(3) 12월 3일 : 경남은행에서 현금 300,000원을 차입하였다.
(4) 12월 5일 : 세탁용역에 필요한 차량 1대를 1,500,000원에 현금 구입하였다.
(5) 12월 10일 : 사무용 비품을 300,000원 외상으로 구입하였다.
(6) 12월 25일 : 세탁용역을 제공하고 용역대금 600,000원 중에서 200,000원은 현금으로 받고, 나머지는 다음 달 받기로 하였다.
(7) 12월 30일 : 직원들의 급여 100,000원을 다음 달에 지급하기로 하였다.
(8) 12월 31일 : 12월 3일 차입금 100,000원을 현금상환하였다.

풀 이

1) 기중거래의 분개 (단위 : 천원)

구분	날짜	기중 거래의 분개			
		차 변		대 변	
(1)	12월 1일				
(2)	12월 2일				
(3)	12월 3일				
(4)	12월 5일				
(5)	12월 10일				
(6)	12월 25일				
(7)	12월 30일				
(8)	12월 31일				

2) 총계정원장 전기 (단위 : 천원)

차변합계	대변합계

차변합계	대변합계

차변합계	대변합계

차변합계	대변합계

차변합계	대변합계

차변합계	대변합계

차변합계	대변합계

차변합계	대변합계

차변합계	대변합계

차변합계	대변합계

차변합계	대변합계

05 다음의 거래를 이용하여 분개하시오.

(1) 현금 500,000원과 토지 1,000,000원을 출자하여 영업을 개시하다.
(2) 현금 100,000원을 당좌예금하다.
(3) 상품 70,000원을 매입하고, 당좌수표를 발행하여 지급하다.
(4) 급여 10,000원을 다음 달에 지급하기로 하였다.
(5) 거래처에 계약금 50,000원을 현금으로 지급하였다.
(6) 비품 100,000원을 구입하고 대금은 어음을 발행하였다.
(7) 불우이웃돕기 성금 50,000원을 사회복지공동모금회에 기탁하다.
(8) 은행에서 300,000원을 현금차입하였다.
(9) 영업용 건물을 구입하고, 구입대금 1,000,000원은 다음 달에 지급하기로 하였다.

풀이

1) 기중거래의 분개

구분	기중 거래의 분개			
	차 변		대 변	
(1)				
(2)				
(3)				
(4)				
(5)				
(6)				
(7)				
(8)				
(9)				

06 다음의 표에서 제시한 분개를 이용하여 거래를 설명하시오.

구분	기중 거래의 분개			
	차 변		대 변	
(1)	현 금	1,000,000	자본금	1,000,000
(2)	현 금	200,000	차입금	200,000
(3)	비 품	500,000	미지급금	500,000
(4)	대여금	100,000	현 금	100,000
(5)	외상매출금	500,000	매 출	500,000
(6)	당좌예금	300,000	외상매출금	300,000
(7)	소모품	100,000	당좌예금	100,000
(8)	임차료	50,000	현 금	50,000
(9)	복리후생비	100,000	미지급비용	100,000

풀이

구분	거래내용 추정
(1)	
(2)	
(3)	
(4)	
(5)	
(6)	
(7)	
(8)	
(9)	

07 다음의 분개를 이용하여 총계정원장에 전기하시오.

(단위 : 천원)

구분	기중 거래의 분개			
	차 변		대 변	
(1)	현 금	1,000	자본금	1,000
(2)	보통예금	200	차입금	200
(3)	비 품	500	미지급금	500
(4)	접대비	100	현 금	100
(5)	매출채권	500	매 출	500

구분	기중 거래의 분개			
	차 변		대 변	
(6)	당좌예금	50	매출채권	50
(7)	여비교통비	100	보통예금	100
(8)	임차료	50	현 금	50

풀이

1) 총계정원장 전기 (단위 : 천원)

현금

차변합계	대변합계

자본금

차변합계	대변합계

매출채권

차변합계	대변합계

당좌예금

차변합계	대변합계

비품

차변합계	대변합계

차입금

차변합계	대변합계

미지급금

차변합계	대변합계

매출

차변합계	대변합계

접대비

차변합계	대변합계

여비교통비

차변합계	대변합계

임차료

차변합계	대변합계

보통예금

차변합계	대변합계

08 다음 총계정원장의 전기의 내용을 기초로 분개장에 기록하시오.

현 금

1/2 차입금 10,000	2/5 차입금 3,000
2/1 자본금 5,000	
2/1 용역매출 8,000	2/8 임차료 1,000
2/5 외상매출금 1,000	
2/7 선수금 3,000	
차변합계	대변합계

차입금

2/5 현 금 3,000	1/2 현 금 10,000
차변합계	대변합계

용역매출

	2/1 제좌 10,000
차변합계	대변합계

선수금

	2/7 현 금 3,000
차변합계	대변합계

외상매출금

2/1 용역매출 2,000	2/5 현 금 1,000
차변합계	대변합계

임차료

2/8 현 금 1,000	
차변합계	대변합계

풀이

날짜	기중 거래의 분개			
	차 변		대 변	
1/2				
2/1				
2/1				
2/5				
2/5				
2/7				
2/8				

분개 연습문제 해답

01 1) 자산증가와 자산감소

(1)	선급금	1,050,000	현금	1,050,000
(2)	비품	1,500,000	현금	1,500,000
(3)	차량운반구	20,000,000	현금	20,000,000
(4)	비품	1,000,000	당좌예금	1,000,000
(5)	건물	1,800,000	현금	1,800,000
(6)	단기매매증권	1,700,000	현금	1,700,000
(7)	만기보유증권	1,500,000	현금	1,500,000
(8)	매도가능증권	2,800,000	현금	2,800,000
(9)	현금	1,700,000	외상매출금	1,700,000
(10)	단기대여금	1,000,000	현금	1,000,000
(11)	미수금	800,000	비품	800,000
(12)	미수금	6,000,000	차량운반구	6,000,000
(13)	임차보증금	100,000,000	현금	100,000,000
(14)	정기예적금	500,000	현금	500,000
(15)	기계장치	10,000,000	받을어음	10,000,000

2) 자산증가와 부채증가

(1)	상품	500,000	외상매입금	500,000
(2)	비품	1,000,000	미지급금	1,000,000
(3)	상품	1,000,000	지급어음	1,000,000
(4)	비품	1,500,000	미지급금	1,500,000
(5)	현금	1,000,000	선수금	1,000,000
(6)	현금	5,000,000	단기차입금	5,000,000
(7)	현금	5,000,000	예수금	5,000,000
(8)	비품	1,000,000	미지급금	1,000,000
(9)	당좌예금	2,000,000	가수금	2,000,000
(10)	현금	1,000,000	단기차입금	1,000,000

3) 자산증가와 자본증가

(1)	현금	1,000,000	자본금	1,000,000
(2)	건물	100,000,000	자본금	100,000,000
(3)	차량운반구	20,000,000	자본금	20,000,000

4) 자산증가와 수익발생

(1)	현금	1,000,000	수수료수익	1,000,000
(2)	미수수익	100,000	이자수익	100,000
(3)	현금	3,000,000	배당금수익	3,000,000
(4)	현금	5,000,000	임대료수익	5,000,000

5) 부채감소와 자산감소

(1)	단기차입금	1,000,000	현금	1,000,000
(2)	외상매입금	100,000	현금	100,000
(3)	외상매입금	1,000,000	받을어음	1,000,000
(4)	지급어음	500,000	현금	500,000
(5)	선수금	300,000	현금	300,000
(6)	지급어음	500,000	당좌예금	500,000
(7)	미지급급여	10,000,000	현금	10,000,000
(8)	미지급금	500,000	당좌예금	500,000

6) 부채감소와 부채증가

(1)	외상매입금	500,000	지급어음	500,000
(2)	단기차입금	100,000	미지급금	100,000
(3)	장기차입금	1,000,000	유동성장기부채	1,000,000

7) 부채감소와 자본증가

(1)	사채	1,000,000	자본금	1,000,000

8) 부채감소와 수익발생

(1)	차입금	1,000,000	채무면제이익	1,000,000

9) 자본감소와 자산감소

(1)	인출금	5,000,000	현금	5,000,000

10) 자본감소와 자본증가

(1)	자본잉여금	1,000,000	자본금	1,000,000

11) 비용발생과 자산감소

(1)	급여	1,000,000	현금	1,000,000
(2)	복리후생비	500,000	현금	500,000
(3)	임차료	800,000	당좌예금	800,000
(4)	재산세	100,000	현금	100,000
(5)	여비교통비	200,000	현금	200,000
(6)	복리후생비	100,000	현금	100,000
(7)	광고선전비	10,000,000	현금	10,000,000
(8)	연구비	20,000,000	현금	20,000,000
(9)	보험료	2,000,000	현금	2,000,000
(10)	수선비	3,000,000	현금	3,000,000
(11)	이자비용	500,000	현금	500,000
(12)	접대비	500,000	현금	500,000
(13)	기부금	5,000,000	현금	5,000,000

12) 비용발생과 부채증가

(1)	복리후생비	100,000	미지급비용	100,000
(2)	접대비	100,000	미지급비용	100,000
(3)	급여	20,000,000	미지급비용	20,000,000
(4)	이자비용	100,000	미지급비용	100,000
(5)	임차료	200,000	미지급임차료	200,000
(6)	차량유지비	500,000	미지급비용	500,000

02 ①거래발생 → ②분개 → ③원장전기 – ④결산수정분개 – ⑤재무제표작성 – ⑥장부마감

03

현금 및 현금성자산

+	−
* 정상잔액	

자본금

−	+
	* 정상잔액

외상매출금

+	−
* 정상잔액	

받을어음

+	−
* 정상잔액	

단기매매금융자산

+	−
* 정상잔액	

비품

+	−
* 정상잔액	

상품매출액

−	+
	* 정상잔액

선급금

+	−
* 정상잔액	

미수수익

+	−
* 정상잔액	

임차료

+	−
* 정상잔액	

차량운반구

+	−
* 정상잔액	

당좌예금

+	−
* 정상잔액	

소모품

+	−
* 정상잔액	

감가상각누계액

−	+
	* 정상잔액

지급어음

	+
	* 정상잔액

보험료

+	−
* 정상잔액	

급여

+	−
* 정상잔액	

미수금

+	−
* 정상잔액	

선수수익

−	+
	* 정상잔액

세금과공과

+	−
* 정상잔액	

건물

+	−
* 정상잔액	

보통예금

+	−
* 정상잔액	

감가상각비

+	−
* 정상잔액	

대손상각비

+	−
* 정상잔액	

04 1) 기중거래의 분개 (단위 : 천원)

구분	날짜	기중 거래의 분개			
		차 변		대 변	
(1)	12월 1일	현금	4,000	자본금	4,000
(2)	12월 2일	임차료	100	현금	100
(3)	12월 3일	현금	300	차입금	300
(4)	12월 5일	차량운반구	1,500	현금	1,500
(5)	12월 10일	비품	300	미지급금	300
(6)	12월 25일	현금 외상매출금	200 400	용역매출	600
(7)	12월 30일	급여	100	미지급급여	100
(8)	12월 31일	차입금	100	현금	100

2) 총계정원장 전기 (단위 : 천원)

현금

자본금	4,000	임차료	100
차입금	300	차량운반구	1,500
용역매출	200	차입금	100
차변합계		대변합계	

자본금

		현금	4,000
차변합계		대변합계	

차량운반구

현금	1,500		
차변합계		대변합계	

비품

현금	300		
차변합계		대변합계	

외상매출금

용역매출	400		
차변합계		대변합계	

임차료

현금	100		
차변합계		대변합계	

차입금

현금	100	현금	300
차변합계		대변합계	

미지급금

		비품	300
차변합계		대변합계	

용역매출

		제좌	600
차변합계		대변합계	

미지급급여

		급여	100
차변합계		대변합계	

급여

미지급급여	100		
차변합계		대변합계	

차변합계		대변합계	

05

구분	기중 거래의 분개			
	차 변		대 변	
(1)	현금	500,000	자본금	1,500,000
	토지	1,000,000		
(2)	당좌예금	100,000	현금	100,000
(3)	상품	70,000	당좌예금	70,000
(4)	급여	10,000	미지급급여	10,000
(5)	선급금	50,000	현금	50,000
(6)	비품	100,000	미지급금	100,000
(7)	기부금	50,000	현금	50,000
(8)	현금	300,000	차입금	300,000
(9)	건물	1,000,000	미지급금	1,000,000

06

구분	거래내용 추정
(1)	현금 1,000,000원을 출자하여 영업을 개시하다.
(2)	은행으로부터 200,000원을 현금으로 차입하다.
(3)	비품 500,000원을 외상구입(어음발행)하다.
(4)	거래처에 100,000원을 빌려주다.
(5)	상품을 300,000원에 외상판매하였다.(단, 실지재고조사법을 적용)
(6)	외상매출금 300,000원이 회수되어 당좌예금계좌에 입금되었다.
(7)	당좌수표 100,000원을 발행하여 소모품을 구입하였다.
(8)	임차료 50,000원을 현금으로 지급하다.
(9)	직원들의 복리후생비(회식비, 선물) 100,000원을 카드결제하여 매입하다.

07 1) 총계정원장 전기

(단위 : 천원)

현금

자본금	1,000	접대비	200
		임차료	500
차변합계		대변합계	

자본금

		현금	1,000
차변합계		대변합계	

매출채권

차변		대변	
용역매출	500	당좌예금	50
차변합계		대변합계	

당좌예금

차변		대변	
매출채권	50		
차변합계		대변합계	

비품

차변		대변	
미지급금	500		
차변합계		대변합계	

차입금

차변		대변	
		현금	200
차변합계		대변합계	

미지급금

차변		대변	
		비품	500
차변합계		대변합계	

매출

차변		대변	
		매출채권	500
차변합계		대변합계	

접대비

차변		대변	
현금	100		
차변합계		대변합계	

여비교통비

차변		대변	
보통예금	100		
차변합계		대변합계	

임차료

차변		대변	
현금	50		
차변합계		대변합계	

보통예금

차변		대변	
차입금	200	여비교통비	100
차변합계		대변합계	

08

날짜	기중 거래의 분개			
	차 변		대 변	
1/2	현 금	10,000	차입금	10,000
2/1	현 금	5,000	자본금	5,000
2/1	현금	8,000	용역매출	10,000
	외상매출금	2,000		
2/5	차입금	3,000	현 금	3,000
2/5	현금	1,000	외상매출금	1,000
2/7	현금	3,000	선수금	3,000
2/8	임차료	1000	현금	1,000

회사를 위한 접대비, 어떻게 처리할까?

회사업무를 보다보면 이런저런 이유로 손님 또는 회사 일 외의 비용이 필요하다. 그 중 쉽게 증빙을 할 수 없는 접대비에 대해 알아보자.

가장 중요한 것은 접대비와 접대비외 지출로 세무처리는 각각 다르게 적용된다는 점이다. 조세전문가들에 따르면 직원이 회사비용을 개인 신용카드로 처리했을 때는 '접대비'와 '접대비외 지출'로 나눠 각각 세무처리가 달라진다는 점을 강조하고 있다. 그렇다면 접대비외 지출에는 어떤 것이 있을까. 우연치 않게 발생하는 경조사비용은 일반적인 접대비와는 구분된다. 접대비외의 지출의 경우 국세청 유권해석은 종업원 개인명의의 신용카드를 법인의 사업과 관련된 거래에 사용하고 그 증빙서류로써 신용카드매출전표를 수취한 것이 확인된 경우에는 증빙불비가산세가 적용되지 않는다.

회사비용으로는 인정되지만 종업원 개인명의의 신용카드를 법인의 사업과 관련하여 사용하였는지 여부는 거래의 실질 내용에 따라 사실 판단을 하게 된다는 것이 유권해석의 주내용이라는 점에 주의하자. 그렇다면 공적인 일로 손님을 접대하기 위해 사용한 비용은 어떻게 처리해야 할까. 대부분의 전문가들은 "접대비는 건별 사용금액 한도가 정해져 있기 때문에 개인카드로 처리할 땐 특히 주의해야 한다"고 경고한다.

국세청 유권해석에서는 법인 접대비의 경우, 지출건당 1만원(2009.1.1. 이후 지출하는 경조금은 20만원)을 초과하는 접대비는 법인카드로 사용한 경우에만 회사비용으로 인정된다.

이에 따라 지출건당 1만원을 초과하는 금액에 대해 정규증빙을 수취하지 않으면 법인소득금액계산상 손금산입이 되지 않는다는 점에 유의해야 한다. 이 때 법인개별카드(개인형 법인카드)는 법인카드로 간주한다.

이처럼 대표자개인카드로 사용한 접대비의 금액이 1만원을 초과하는 경우, 손금으로 인정받지 못할 뿐만 아니라 대표자의 상여로 소득처분 되어 대표자의 세부담이 증가하게 될 수도 있으므로 각별한 주의가 요구된다.

출처: 대전경제뉴스, 2014.02.16.

CHAPTER 05

결 산

제1절 결산 절차

결산(closing)이란 회계기간 동안에 발생한 자산, 부채, 자본의 변동내용 및 그 변동들로 인한 결과를 종합하여 재무제표로 작성하는 것을 말한다. 결산의 절차는 예비절차와 본절차 및 재무제표 작성 절차로 구분된다.

1. 결산 절차

1) 결산의 예비절차

① 시산표의 작성(합계시산표, 잔액시산표, 합계잔액시산표)

② 결산수정분개

③ 수정후시산표 또는 정산표의 작성

2) 결산의 본절차

원장의 모든 계정을 마감하는 절차로 손익계산서 계정을 먼저 마감하고, 재무상태표 계정을 마감한다.

① 비용과 수익계정의 마감(손익계정으로 대체 후 마감)

② 손익계정의 마감(손익계정은 집합손익계정으로 손익계산서 작성의 기초)

③ 자산, 부채, 자본계정의 마감(차기이월로 마감)

④ 이월시산표의 작성[1]

⑤ 전기이월의 표시(차기이월액은 다음 회계기간 최초일자에 전기이월로 기입)

---

1) 자산, 부채, 자본계정의 차기이월액을 모아 이월시산표를 만드는데 재무상태 작성의 기초가 된다.

〈표 5-1〉 **결산 절차 요약**

구 분	단 계	내 용
예비 절차	① 단계	시산표 작성(시산표 등식의 성립여부로 오류 검증)
	② 단계	결산정리목록표 작성(현금주의를 발생주의로 수정)
	③ 단계	결산정리목록표를 토대로 결산수정분개(분개장과 원장 기입)
	④ 단계	수정후시산표 작성
본 절차	⑤ 단계	집합손익계정을 설정하여 수익과 비용의 모든 계정 대체 * 대체분개(마감분개)-개인기업은 자본금계정, 주식회사는 미처분이익잉여금으로 대체
	⑥ 단계	원장의 자산과 부채, 자본계정을 마감하여 분개장 마감
	⑦ 단계	이월시산표(마감후시산표)를 작성(기록의 정확성 검토)
	⑧ 단계	수익과 비용을 집합손익계정으로, 자산과 부채, 자본계정을 차기이월액으로 재무제표 작성

3) 재무제표 작성 절차

먼저 집합손익계정을 기초로 손익계산서를 작성하고, 이월시산표를 이용하여 재무상태표를 작성한다. 그리고 자본변동표, 현금흐름표 및 주석을 포함하여 재무제표를 완성한다.

2. 시산표의 작성

시산표(Trial Balance : T/B)는 기중에 발생한 거래들에 대한 분개 및 총계정원장의 계정기록이 정확한가를 검증하기 위하여 작성하는 표이다. 즉, 기중거래 기록의 타당성을 우선 검증한다.[2)]

① 합계시산표 : 원장에 있는 각 계정의 차변합계액과 대변합계액을 모은 표이다.

② 잔액시산표 : 원장의 각 계정의 잔액만을 모은 표로 시산표등식과 일치하고 재무상태표와 손익계산서의 작성에 용이하다.

③ 합계잔액시산표 : 원장계정의 잔액과 합계액을 모두 나타낸 표이다.

---

2) 시산표가 기중거래 금액의 타당성을 검증할 수 있는 것은 대차평균의 원리가 성립하기 때문이다. 즉, 거래의 이중기입 → 대차평균의 원리 → 복식부기의 자기검증기능이 수행된다.

시산표는 총계정원장에 있는 모든 계정인 자산, 부채, 자본, 비용, 수익계정을 모아 작성된다[3].

시산표 등식 : 자산 + 비용 = 부채 + 자본 + 수익

시산표는 결산시 작성시점에 따라 수정전시산표와 수정후시산표로 구분된다.

1) 수정전시산표 작성

① 결산의 첫 단계로 결산 정리분개를 하기 전에 분개의 정확성 확인, 원장의 차변과 대변이 일치하는지를 확인할 수 있게 해준다.

② 형태(양식) 및 기재내용 : 합계시산표, 잔액시산표, 합계잔액시산표,

수정전시산표(잔액시산표)

회사명　　20×1년 12월 31일　　(단위 : 원)

차 변	계 정 과 목	대 변
×××	자산계정	
	부채계정	×××
	자본계정	×××
	수익계정	×××
×××	비용계정	
×××	합 계	×××

3) 시산표는 오류검증의 기능과 재무제표 작성을 용이하게 하지만 다음과같은 단점이 있다. ① 시산표는 오류의 존재 유무를 알려줄 뿐 오류가 어디에 발생했는지 알려주지 못한다. ② 시산표의 대차합계금액이 일치한다고 해서 기중 거래 기록에 오류가 없음을 증명하는 것이 아니다.

수정전시산표(합계시산표)

회사명 20×1년 12월 31일 (단위 : 원)

차 변	계정과목	대 변
×××	자산계정	××
××	부채계정	×××
××	자본계정	×××
××	수익계정	×××
×××	비용계정	××
×××	**합 계**	×××

수정전시산표(합계잔액시산표)

회사명 20×1년 12월 31일 (단위 : 원)

차 변		계정과목	대 변	
잔 액	합 계		합 계	잔 액
×××	×××	자산계정	××	
	××	부채계정	×××	×××
	××	자본계정	×××	×××
	××	수익계정	×××	×××
×××	×××	비용계정	××	
×××	×××	**합 계**	×××	×××

2) 수정후시산표 작성

결산 정리분개를 원장에 전기한 후에는 수정후시산표가 작성된다.[4] 수정후시산표를 작성하는 목적은 회계기간 중에 발생한 모든 재무적 사상의 영향을 표시하기 위한 것이다. 수정후시산표는 재무제표 작성의 주요한 근거가 된다.

4) 잔액시산표를 기초로 재무제표를 작성하기 위해 사용하는 표, 영구적인 회계장부가 아니라 일시적으로 운용되는 보조적 용구에 불과하다.

3. 정산표의 작성

수정전시산표와 수정후시산표를 작성한 후 포괄손익계산서와 재무상태표를 보다 쉽게 도출할 수 있는 양식이 정산표(Work Sheet)이다.

정산표는 재무제표의 작성을 위한 필수적 절차가 아니라 임의적인 절차로 선택적으로 작성할 수 있다[5]. 정산표의 양식은 다음과 같다.

정 산 표

계정과목	수정전시산표		결산정리분개		수정후시산표		포괄손익계산서		재무상태표	
	차변	대변	차변	대변	차변	대변	차변	대변	차변	대변

제2절 결산 수정

1. 의의

재무제표 작성을 위해 기말에 장부잔액을 실제잔액으로 수정하는 작업, 특히 수익과 비용의 경우 현금주의 회계를 발생주의 회계로 전환하는 과정이다. 정확한 기간손익을 계산하기 위해 회계기간 중에 실현된 수익과 발생된 비용을 정확하게 계상해야 한다.

5) 정산표를 작성하는 절차는 다음과 같다. ① 정산표 양식에 수정전시산표의 계정과목과 금액을 기재한다. ② 결산수정분개를 반영한다. ③ 수정후시산표 금액을 계산하여 기입한다. ④ 수정후시산표의 금액 중에서 수익과 비용은 포괄손익계산서란에 보내고, 자산과 부채 및 자본은 재무상태표란에 보낸다. ⑤ 포괄손익계산서와 재무상태표상의 당기순이익을 확정짓는다.

수익은 실현주의 원칙에 따라 계상하는 한편, 비용은 발생주의 회계원칙에 따라 발생된 비용을 정확하게 인식해야 하며, 또한 수익과 비용의 대응의 원칙에 따라 기간 중의 수익과 관련하여 발생한 비용을 정확하게 계상하여야 한다. 이와 같이 결산일에 발생주의(accrual basis)와 실현주의에 따라 기업의 정확한 재무상태와 기간손익을 계산하기 위해 분개를 행하는 것을 결산수정분개라고 한다.

2. 결산정리의 유형

회사가 회계연도 말에 행하는 결산사항은 크게 세 가지로 나누어 볼 수 있다.

1) 자산에 관한 결산수정사항

제품(상품)계정의 정리, 제품(상품)의 감모손실과 평가손실, 유가증권의 평가, 대손충당금의 설정, 유형(무형)자산의 감가상각 등이 있다.

2) 손익계정에 관한 결산수정사항

수익(비용)의 발생과 이연, 소모품의 회계처리 등이 있다.

3) 기타 수정사항

현금과부족의 정리, 가지급금과 가수금의 처리, 인출금계정의 정리와 부가가치세의 정리 등이 있다.

결산수정의 유형을 세부적으로 살펴보면 다음과 같다.

〈표 5-2〉 **결산수정 유형 요약**

유 형	내 용
발생항목	미지급비용(미지급임차료, 미지급이자, 미지급광고선전비)
	미수수익(미수임대료, 미수이자)

유 형	내 용
이연항목	선급비용(선급보험료, 선급임차료, 선급이자)
	선수수익(선수임대료, 선수이자)
추정항목	감가상각비, 대손상각비, 충당부채
자산평가	재고자산평가손실, 단기매매증권평가손익, 유형자산재평가손익

3. 수정분개 사례

1) 재무상태표의 결산수정

(1) 대손충당금의 설정

예제 1

(주)서울의 결산일 현재 수정전시산표상의 매출채권의 잔액은 30,000,000원이다. 이 회사는 과거의 실적을 기준으로 하여 볼 때 매출채권 잔액의 2%가 회수불능으로 예상된다.

〈결산분개〉
대손상각비 600,000 / 대손충당금 600,000

(2) 단기매매증권의 평가

예제 2

(주)서울은 단기 투자목적으로 20X1년 10월 1일에 (주)경남의 주식 100주를 주당 100,000원에 매입하였다. 결산일의 (주)경남의 주식가격은 1주당 90,000원이다. (주)서울의 20X1년 12월 31일의 수정분개를 하라.

〈분개〉
단기매매증권평가손실 1,000,000 / 단기매매증권 1,000,000

만약, 결산일의 주식가격이 1주당 90,000원이 아니라 110,000원이라고 한다면 결산수정분개를 하라.

〈분개〉
단기매매증권 1,000,000 / 단기매매증권평가이익 1,000,000

(3) 유형자산의 감가상각

예제 3

(주)서울은 20X1년 1월초에 구입한 기계장치의 취득가액은 30,000,000원이고 내용연수는 5년이며 잔존가액은 5,000,000원이다. 정액법에 의해 감가상각한다고 할 때 결산분개를 하라.

〈분개〉

감가상각비 5,000,000 / 감가상각누계액 5,000,000

(4) 외화자산 및 외화부채의 평가

기업이 결산일 현재 외화자산 또는 외화부채를 보유하고 있는 경우 결산일 현재의 환율을 기준으로 원화로 환산하여야 하며, 이때 외화환산손익이 발생한다. (비교 : 외화차손과 다름)

예제 4

(주)서울은 20X1년 12월 1일 경남은행으로부터 200,000달러를 장기차입하였다. 12월 1일 환율은 1달러당 1,000원이었는데 결산일자의 환율은 1달러당 1,200원이다.

〈분개〉

외화환산손실 40,000,000 / 외화장기차입금 40,000,000

(5) 소모품

소모품이란 기업실체가 사용할 목적으로 구입한 필기도구, 인쇄용지 등 일반 사무용품이나 청소용구 등을 말한다. 결산일 현재 미사용분은 자산(소모품)으로 인식하고, 사용한 부분은 비용(소모품비)으로 인식한다.

소모품은 앞에서 설명한 선급비용과 동일하다. 다만, 선급비용이 보험용여, 임대용역 등 주로 용역과 관련되어 있는데 반해, 소모품은 물리적 실체가 존재하는 재화라는 점이 다를 뿐이다.

예제 5

(1) 20X1년 12월 1일 (주)서울은 사무용으로 사용할 소모품 30,000원을 현금 구입하였다.
(2) 20X1년 12월 31일 (주)서울은 미사용한 소모품 10,000원을 사무용품 창고에 보관하고 있다는 것을 확인하였다.

구 분	비용법	자산법
구입일	소모품비 30,000 / 현금 30,000	소모품 30,000 / 현금 30,000
결산일	소모품 10,000 / 소모품비 10,000	소모품비 20,000 / 소모품 20,000

2) 손익계산서계정의 결산수정

(1) 매출원가의 계산 : 상품계정의 수정

매출원가계산과 관련한 계정은 상품계정과 매입계정이다. 수정전시산표에 매출원가라는 계정은 나타나지 않는다. 따라서, 결산일에 상품계정, 매입계정 및 상품의 기말실사를 통해 기말상품재고원가를 파악하여 다음과 같이 매출원가를 파악해야 한다.

수정전시산표상의 상품계정은 기초재고액을 나타내고 매입계정의 잔액은 당기매입액을 나타내므로 매출원가는 다음과 같이 구한다.

매출원가 = 기초상품재고액 + 당기매입액 - 기말상품재고액

예제 6

(주)서울의 수정전시산표상 상품계정과 매입계정의 잔액은 다음과 같다.
상품 1,000원, 매입 5,000원이고, 상품에 대한 기말재고를 실사한 경우 그 금액은 2,000원이다.
위의 정보에 입각하여 매출원가를 계산하는 결산수정분개를 하라.

〈분개〉

① 상품의 기초재고를 매출원가계정에 보내는 분개
매출원가 1,000 / 상품 1,000

② 당기 매입분을 매출원가에 보내는 분개
매출원가 5,000 / 매입 5,000

③ 상품의 기말재고액을 매출원가계정 대변에 보내고 상품계정에 기록하는 분개
상품 2,000 / 매출원가 2,000

위의 세 가지 분개를 하면 매출원가는 장부상 4,000원으로 결정되고, 상품의 기말 재고액 2,000원은 기말재무상태표에 보고될 상품계정에 올바르게 표시된다.

(2) 선급비용의 처리 : 비용의 이연

이미 비용으로 지출한 금액 중에서 당기에 전액 비용화 되지 않고 차기에 비용화되어야 할 금액이 있는 경우가 있다. 이러한 경우, 결산시에 차기에 속할 비용을 당기의 비용으로부터 차감하고 미리 지급한 선지급 부분을 자산으로 계상하여야 한다. 자산으로 계상된 부분을 선급비용이라고 하며, 이는 비용의 미경과분 또는 비용의 이연부분이라고 할 수 있다.

예제 7

20X1년 9월 1일에 1년분 건물에 대한 보험료로 240,000원을 수표로 발행하여 지급하였다. 지급일과 결산일의 분개를 하라.

구 분	비용법	자산법
지급일	보험료 240,000 / 당좌예금 240,000	선급보험료 240,000 / 당좌예금 240,000
결산일	선급보험료 160,000 / 보험료 160,000	보험료 80,000 / 선급보험료 80,000

위의 비용법과 자산법의 회계처리 중에서 어느 방법으로 결산수정분개를 하여도 20×1년에 손익계산서 비용으로 계상되는 보험료는 80,000원이고, 결산기말에 남아 있는 재무상태표의 자산계정인 선급보험료의 잔액은 160,000원이 된다.

(3) 미지급비용의 계상 : 발생비용의 계상

이미 재화나 용역을 제공받아 수익의 획득을 위해 사용 또는 소비하였으나 결산일 현재 아직 비용으로 계상하지 않은 금액이 있으면 결산일에 정확히 파악하여 비용으로 계상하는 수정분개를 하여야 한다.

예로는 전기료, 수도료, 전화료, 임차료, 급여 등이다.

예제 8

(주)서울은 20X1년 12월분 전기와 수도 요금은 2,000,000원으로 계산되는데, 아직 청구서를 받지 못해 12월 31일(결산일) 현재 납부하지 않았다.

〈결산일 분개〉
수도광열비 2,000,000 / 미지급수도광열비 2,000,000

(4) 선수수익의 처리 : 수익의 이연

장래에 용역을 제공하기로 하고 대금을 미리 받았으나 결산기말까지 용역을 제공하지 못한 경우, 용역을 제공하지 못한 부분을 당기의 수익에서 차감하고 같은 금액을 선수수익이라는 부채로 계상하는 수정분개를 해야 한다.

예제 9

(주)서울은 20X1년 10월 1일에 1년분의 사무실 임대료 400,000원을 현금으로 받았다. 이 경우 사무실 임대료를 받은 20X1년 10월 1일의 분개를 다음과 같이 두 가지 방법으로 할 수 있다.

구 분	수익법	부채법
수령일	현금 400,000 / 임대료수익 400,000	현금 400,000 / 선수임대료 400,000
결산일	임대료수익 300,000 / 선수임대료 300,000	선수임대료100,000 / 임대료수익 100,000

위의 수익법과 부채법의 회계처리 방법 중에서 어느 방법을 선택하여도 20×1년도 손익계산서의 임대료 수익은 100,000원이 되고, 결산기말에 재무상태표의 부채계정인 선수임대료의 잔액은 300,000원이 된다.

(5) 미수수익의 계상 : 발생수익의 계상

당기에 속하는 수익으로서 아직 받지 못한 부분이 있을 경우에는 해당하는 금액을 당기의 수익으로 대변에 기록하는 동시에 같은 금액을 미수수익이라는 자산으로 차변에 기록하는 수정분개를 하여야 한다.

예를 들어, 사무실을 임대하여 주었으나 결산일 현재 아직 받지 못한 임대료수익, 대여금이나 은행예금에 대하여 기간이 경과하여 이자가 발생하였으나 아직 이자를 받지 못한 이자수익들은 임대료수익, 이자수익 등의 대변에 기입하고 미수임대료, 미수이자 등 자산계정의 차변에 기입하였다가 기말에 현금을 받으면 이를 계정의 대변에 기입하여 소멸시킨다.

예제 10

(주)서울은 20X1년 12월 31일에 국채에 대한 2개월분 이자수익 80,000원을 아직 받지 못하였다.

〈분개〉

미수이자 80,000 / 이자수익 80,000

객관식 연습문제

01 다음 중 결산의 예비절차로 볼 수 있는 것은?

① 주요 장부 마감　② 정산표 작성
③ 손익계산서 마감　④ 재무상태표 작성

02 다음 중 시산표에서 잔액이 차변에 나타나는 계정은?

① 미지급금　② 외상매입금　③ 토지　④ 자본금

03 다음 중 시산표를 통해 발견할 수 있는 오류는? [전산회계2급24회]

① 차변과 대변의 계정과목을 바꾸어 전기한 경우
② 거래 전체의 기입누락
③ 어느 한 계정의 전기를 누락시킨 경우
④ 동일 거래의 분개가 이중으로 전기된 경우

04 다음 중 기말 결산 후 차기로 이월되어 사용되는 것은? [전산회계2급37회]

① 매출액　② 매출원가　③ 매출채권　④ 매출총이익

05 회계순환과정 중 필수적인 절차들로만 짝지어진 것은?

① 거래와 사실식별, 분개, 전기, 수정후시산표작성, 재무제표작성
② 거래와 사실식별, 분개, 전기, 수정분개, 재무제표작성, 장부마감
③ 분개, 수정전시산표작성, 수정분개, 수정후시산표작성, 정산표
④ 분개, 전기, 수정분개, 정산표작성, 재무제표작성

06 **시산표의 대변 차변 잔액의 불일치를 발생시키는 오류는?**

① 동일거래 분개를 이중 전기한 경우
② 동일계정을 이중 전기한 경우
③ 어떤 거래기록을 완전히 누락한 경우
④ 오계산한 경우

07 **다음 중 수정분개가 누락될 때, 부채와 비용이 과소계상되는 경우는?**

① 급여지급일이 경과하였어도 직원 급여를 지급하지 못한 경우
② 선급하였던 임차료가 기간의 경과로 소멸된 경우
③ 선수 임대료 중 실현된 부분을 인식하지 않은 경우
④ 수정분개 누락은 자산, 부채, 자본, 비용, 수익에는 아무런 영향 없다.

08 **시산표에 관한 설명이다. 옳지 않은 것은?**

① 시산표란 회계상거래가 원장상의 각 계정에 정확하게 기록되었는지를 검토하기 위해, 전 계정의 잔액 또는 총액을 모아놓은 표를 말한다.
② 시산표 대변은 부채, 자본, 수익이 기재되고 차변에는 자산, 비용이 기재되는데, 차변잔액과 대변잔액이 일치되면 일반적으로 정확히 작성되었다고 볼 수 있다.
③ 시산표를 작성해봄으로써 분개를 전기하는 과정에서의 오류뿐 아니라 한 회계기간 동안의 거래총액, 재무상태, 영업성과 등을 파악할 수 있다.
④ 재무제표를 정확히 작성하기 위해서는 반드시 시산표를 작성해야 한다.

09 **다음 중 보험료를 비용처리했을 때 선급분에 관한 회계처리로 맞는 것은?**

① 비용에서 차감한다. ② 비용에서 가산한다.
③ 수익에 가산한다. ④ 수익에서 차감한다.

10 **총계정원장의 기록이 정확한지의 여부를 파악하는 검증기능을 갖는 것은?**

① 정산표　② 분개장　③ 시산표　④ 총계정원장

11 **다음 자료에 의하여 12월 31일 결산정리분개로 가장 옳은 것은?(단, 월할 계산 함)** [기업회계3급25회]

> 6월 1일 1년분 임대료 120,000원을 현금으로 받다(결산일은 12월 31일이다).
> (차변) 현금 120,000원　(대변) 임대료 120,000원

	(차변)	(대변)
①	임 대 료 50,000원	선수임대료 50,000원
②	임 대 료 70,000원	선수임대료 70,000원
③	미수임대료 50,000원	임 대 료 50,000원
④	미수임대료 70,000원	임 대 료 70,000원

12 **당기 중에 사무용 소모품을 30,000원에 현금으로 구입하고 소모품비계정 차변에 기입하였으며, 결산일 현재 소모품 사용액이 20,000원이다. 다음 중 소모품에 대한 결산정리 분개로 알맞은 것은?** [기업회계3급 24회]

① (차변) 소모품 20,000원　(대변) 소모품비 20,000원
② (차변) 소모품비 10,000원　(대변) 소모품 10,000원
③ (차변) 소모품 10,000원　(대변) 소모품비 10,000원
④ (차변) 소모품비 20,000원　(대변) 소모품 20,000원

객관식 연습문제 해답

01 ② 결산의 예비절차는 시산표, 정산표작성이 해당된다.

02 ③ 차변 잔액은 자산계정이 해당된다.

03 ③ 보기의 ①, ②, ④는 시산표를 통해 발견할 수 없는 오류이다.

04 ③ 재무상태표계정은 기말결산 후 차기이월된다.

05 ② 회계순환 : 거래와 사실의 식별 → 분개 → 전기 → (수정전시산표 작성) → 수정분개 → (수정후시산표 작성) → (정산표) → 재무제표 작성 → 장부마감 → (이월시산표 작성) → (역분개) 순으로 이뤄짐. ( ) 안의 절차는 임의적 절차이며 그 외는 필수적 절차이다.

06 ④ 동일거래 분개를 이중 전기하면, 시산표 차・대변 총계가 그 거래금액만큼씩 똑같이 증가할 뿐 잔액불일치가 생기지는 않는다.

07 ① ①은 급료 / 미지급급료라는 수정분개가 누락되므로 부채와 비용이 과소계상 된다. ②는 지급임차료 / 선급임차료라는 수정분개가 누락되므로 자산이 과대계상 되고 비용이 과소계상 된다.

③은 선수임대료 / 수입임대료라는 수정분개 누락으로 부채가 과대계상, 수입이 과소계상 된다.

08 ④ 시산표 작성은 회계순환과정 중 임의적 과정으로 재무제표의 작성을 용이하게는 하나, 반드시 작성해야만 하는 것은 아니다.

09 ① 보험료를 비용처리할 때 선급분은 선급보험료로 자산인식하고, 보험료 비용에서 선급분(기간미경과분)을 차감한다.

10 ③ 시산표는 오류검증기능이 있다.

11 ① 1년분이 120,000원이므로 1개월분은 10,000원이며, 12월 31일(결산일) 현재 5개월이 경과하지 않았으므로 50,000원이 선수임대료이며, 이 금액을 임대료에서 차감하여 선수임대료로 차기로 이월한다.

12 ③ (차변) 소모품 10,000원 (대변) 소모품비 10,000원

주관식 연습문제

01 다음의 이연항목 거래를 이용하여 기중분개, 결산수정분개를 하시오.

일 자	거래 내역
6/1	보험료 1년분 360,000원을 현금으로 지급하다.
12/31	결산시 당기보험료를 계상하다.

구분	기중거래와 결산수정분개			
	차 변		대 변	
(1)				
(2)				

02 다음의 이연항목 거래를 이용하여 기중분개, 결산수정분개를 하시오.

일 자	거래 내역
6/1	임대료 1년분 240,000원을 현금으로 수령하다.
12/31	결산시 당기임대료를 계상하다.

구분	기중거래와 결산수정분개			
	차 변		대 변	
(1)				
(2)				

03 다음의 발생항목 거래를 이용하여 결산수정분개를 하시오.

일 자	거래 내역
12/31	결산시 이자수익 100,000원을 수취하지 못하다.

구분	결산수정분개			
	차 변		대 변	
(1)				

04 다음의 발생항목 거래를 이용하여 결산수정분개를 하시오.

일 자	거래 내역
12/31	결산시 급여 100,000원을 지급하지 못하다.

구분	결산수정분개			
	차 변		대 변	
(1)				

05 다음의 소모품 거래를 이용하여 기중분개, 결산수정분개를 하시오.

일 자	거래 내역
6/1	소모품 100,000원을 구입하고, 대금은 다음달 지급하기로 하다.
12/31	결산시 소모품 미사용액은 40,000원이다.

구분	기중거래와 결산수정분개			
	차 변		대 변	
(1)				
(2)				

06 다음의 결산수정분개를 하시오.(단, 상품매입의 회계처리는 실지재고조사법에 의한다.)

(1) 기초상품재고액은 100,000원이다.
(2) 당기상품의 현금 매입액은 200,000원이다.
(3) 창고실사 결과 기말상품재고액은 50,000원이다.

구분	결산수정분개			
	차 변		대 변	
(1)				
(2)				
(3)				

07 다음의 자료를 이용하여 분개와 총계정원장 전기, 수정전시산표(잔액시산표)를 작성하시오.

(1) 현금 2,000,000원을 출자하여 영업을 개시하다.
(2) 상품 10개를 800,000원에 매입하고 현금지급하다.(단, 계속기록법 사용)
(3) 갑은행과 당좌계약을 체결하고 1,200,000원을 당좌예금하다.
(4) 을은행으로부터 단기차입금 500,000원을 현금 차입하다.
(5) 사물실 임차료 500,000원을 현금지급하다.
(6) 종업원 급여 300,000원을 다음달에 지급하기로 하다.
(7) 상품 5개를 700,000원에 판매하고 대금은 외상으로 하다.(단, 계속기록법 사용)
(8) 사무실 임대료 200,000원을 현금으로 받다.

풀이

(1) 기중거래 분개

구분	기중거래의 분개			
	차 변		대 변	
(1)				
(2)				
(3)				
(4)				
(5)				
(6)				
(7)				
(8)				

(2) 총계정원장 전기 (단위 : 천원)

현금	
차변합계	대변합계

자본금	
차변합계	대변합계

상품	
차변합계	대변합계

당좌예금	
차변합계	대변합계

단기차입금	
차변합계	대변합계

임차료	
차변합계	대변합계

급여	
차변합계	대변합계

미지급급여	
차변합계	대변합계

매출	
차변합계	대변합계

외상매출금	
차변합계	대변합계

임대료	
차변합계	대변합계

매출원가	
차변합계	대변합계

(3) 수정전시산표

수정전시산표(잔액시산표)

회사명 20××년 12월 31일 (단위 : 천원)

차 변	계 정 과 목	대 변
	합 계	

주관식 연습문제 해답

01

구분	기중거래와 결산분개			
	차 변		대 변	
(1)	보험료	360,000	현금	360,000
(2)	선급보험료	150,000	보험료	150,000

02

구분	기중거래와 결산분개			
	차 변		대 변	
(1)	현금	240,000	임대료	240,000
(2)	임대료	100,000	선수임대료	100,000

03

구분	결산수정분개			
	차 변		대 변	
(1)	미수수익	100,000	이자수익	100,000

04

구분	결산수정분개			
	차 변		대 변	
(1)	급여	100,000	미지급급여	100,000

05

구분	기중거래와 결산분개			
	차 변		대 변	
(1)	소모품	100,000	미지급금	100,000
(2)	소모품비	60,000	소모품	60,000

06

구분	결산수정분개			
	차 변		대 변	
(1)	매출원가	100,000	상품	100,000
(2)	매출원가	200,000	매입	200,000
(3)	상품	50,000	매출원가	50,000

07 (1) 기중분개

구분	기중거래의 분개			
	차 변		대 변	
(1)	현금	2,000,000	자본금	2,000,000
(2)	상품	800,000	현금	800,000
(3)	당좌예금	1,200,000	현금	1,200,000
(4)	현금	500,000	단기차입금	500,000
(5)	임차료	500,000	현금	500,000
(6)	급여	300,000	미지급급여	300,000
(7)	외상매출금	700,000	매출	700,000
	매출원가	400,000	상품	400,000
(8)	현금	200,000	임대료	200,000

(2) 총계정원장 전기 (단위 : 천원)

현금

차변		대변	
자본금	2,000	상품	800
단기차입금	500	당좌예금	1,200
임대료	200	임차료	500
차변합계		대변합계	

자본금

차변		대변	
		현금	2,000
차변합계		대변합계	

상품

차변		대변	
현금	800	매출원가	400
차변합계		대변합계	

당좌예금

차변		대변	
현금	1,200		
차변합계		대변합계	

단기차입금

차변		대변	
		현금	500
차변합계		대변합계	

임차료

차변		대변	
현금	500		
차변합계		대변합계	

급여

차변		대변	
미지급급여	300		
차변합계		대변합계	

미지급급여

차변		대변	
		급여	300
차변합계		대변합계	

매출

	외상매출금 700
차변합계	대변합계

외상매출금

매출 700	
차변합계	대변합계

임대료

	현 금 200
차변합계	대변합계

매출원가

상품 400	
차변합계	대변합계

(3) 수정전시산표

수정전시산표(잔액시산표)

회사명 20××년 12월 31일 (단위 : 천원)

차 변	계 정 과 목	대 변
200	현 금	
400	상 품	
1,200	당 좌 예 금	
700	외 상 매 출 금	
	단 기 차 입 금	500
	미 지 급 급 여	300
	자 본 금	2,000
	매 출	700
400	매 출 원 가	
	임 대 료	200
300	급 여	
500	임 차 료	
3,700	**합 계**	3,700

종합문제

01 **20X1년 12월 1일 개업한 (주)경남택배의 12월 중 거래내역은 다음과 같다. 분개, 전기, 결산수정분개, 정산표를 작성하라.**

〈기중거래〉
(1) 12월 1일 : 주식을 발행하여 현금 100,000원을 조달하였다.
(2) 12월 1일 : 현금 60,000원을 연 5%의 이자율 조건으로 1년 동안 차입하였다. 단, 이자는 6개월 단위로 지급한다.
(3) 12월 1일 : 사무실에 대한 1년치 임차료 12,000원을 현금으로 지급하였다.
(4) 12월 5일 : 소모품 10,000원을 현금으로 구입하였다.
(5) 12월 10일 : 사무용 비품을 구입하고 현금 10,000원을 지급하고 10,000원은 다음 달 지급하기로 하였다.(단, 비품의 감가상각은 고려하지 않는다.)
(6) 12월 15일 : (주)서울에 용역을 제공하고 대금 50,000원을 다음에 받기로 하였다.
(7) 12월 25일 : 12월 15일의 받지 못한 용역 대금 30,000원을 현금으로 받았다.
(8) 12월 31일 : (주)창원과 용역을 체결하고 계약금으로 10,000원을 현금으로 미리 받았다.

〈결산수정사항〉
(1) 12월 5일 구입한 소모품 중에서 미사용한 소모품은 4,000원이다.
(2) 12월 1일 이자비용에 대한 분개, 임차료에 대한 수정분개를 하라.

풀이

1. 기중분개 (단위 : 천원)

구 분	날짜	기중거래			
		차 변		대 변	
(1)	12월 1일				
(2)	12월 1일				
(3)	12월 1일				
(4)	12월 5일				
(5)	12월 10일				
(6)	12월 15일				
(7)	12월 25일				
(8)	12월 31일				

2. 총계정원장 전기 (단위 : 천원)

현금	
차변합계	대변합계

용역매출	
차변합계	대변합계

자본금	
차변합계	대변합계

소모품	
차변합계	대변합계

비품	
차변합계	대변합계

외상매출금	
차변합계	대변합계

차입금	
차변합계	대변합계

미지급금	
차변합계	대변합계

선수금	
차변합계	대변합계

임차료	
차변합계	대변합계

3. 수정전시산표 작성

수정전시산표(잔액시산표)

(주)경남택배 20×1년 12월 31일 (단위 : 천원)

차 변	계 정 과 목	대 변
	합 계	

4. 결산수정분개 (단위 : 천원)

구 분	날짜	결산수정분개			
		차 변		대 변	
(9)	12월 31일				
(10)	12월 31일				
(11)	12월 31일				

5. 결산수정분개의 총계정원장 전기 (단위 : 천원)

현금

자본금	100	임차료	12
차입금	60	소모품	10
외상매출금	30	비품	10
선수금	10		
차변합계	200	대변합계	200

용역매출

		외상매출금	50
차변합계	50	대변합계	50

자본금

		현금	100
차변합계	100	대변합계	100

소모품

현금	10		
차변합계		대변합계	

비품

제좌	20		
차변합계	20	대변합계	20

외상매출금

용역매출	50	현금	30
차변합계	50	대변합계	50

차입금

		현금	60
차변합계		대변합계	60

미지급금

		비품	10
차변합계		대변합계	

선수금

		현금	10
차변합계	10	대변합계	10

임차료

현금	12		
차변합계	12	대변합계	12

미지급이자

차변합계	대변합계

소모품비

차변합계 6	대변합계 6

이자비용

차변합계	대변합계

선급임차료

차변합계 6	대변합계 6

6. 10위식 정산표 작성

정 산 표

(주)경남택배　　　20×1년 12월 31일 현재　　　(단위 : 천원)

계정과목	수정전시산표		수정분개		수정후시산표		손익계산서		재무상태표	
	차변	대변	차변	대변	차변	대변	차변	대변	차변	대변
합 계										
합 계										

02 **20X1년 12월 1일 개업한 (주)경남서점의 12월 중 거래내역은 다음과 같다. 분개, 전기, 결산수정분개, 정산표를 작성하라.(상품의 매입은 계속기록법에 의해 회계처리한다.)**

〈기중거래〉
(1) 12월 1일 : 주식을 발행하여 현금 500,000원을 조달하고 동시에 현금 300,000원을 차입하였다.
(2) 12월 2일 : 임차료 60,000원을 현금으로 지급하였다.
(3) 12월 3일 : 소모품 50,000원을 현금으로 구입하였다. 동시에 사무용 비품을 구입하면서 현금 50,000원을 지급하고 30,000원은 다음 달 지급하기로 하였다.
(4) 12월 5일 : 출판사로부터 서적(50권)을 800,000원에 공급받고 전액 어음을 발행하였다.
(5) 12월 8일 : 서적 40권을 750,000원에 판매하였고, 이중 400,000원을 현금으로 받았다.
(6) 12월 31일 : 8일 미회수된 350,000원 중 100,000원은 현금으로 상환받고, 나머지는 어음을 받았다.

〈결산수정사항〉
(1) 12월 2일에 지급한 임차료는 1년분을 미리 지급한 것이다.
(2) 12월 3일에 구입한 소모품 중에서 미사용한 소모품은 10,000원이다.
(3) 12월분 종업원 급여 30,000원을 아직 지급하지 못했다.

풀이

1. 기중분개

(단위 : 천원)

구 분	날 짜	기중거래	
		차 변	대 변
(1)			
(2)			
(3)			
(4)			
(5)			
(6)			

2. 총계정원장 전기 (단위 : 천원)

현금

차변합계	대변합계

매출

차변합계	대변합계

자본금

차변합계	대변합계 100

소모품

차변합계	대변합계

비품

차변합계	대변합계 100

상품

차변합계	대변합계

외상매출금

차변합계	대변합계 100

미지급금

차변합계	대변합계

차입금

차변합계	대변합계 100

받을어음

차변합계	대변합계

지급어음

차변합계	대변합계 100

매출원가

차변합계	대변합계

임차료

차변합계	대변합계 100

3. 수정전시산표 작성

수정전시산표(잔액시산표)

(주)경남서점　　20×1년 12월 31일　　(단위 : 천원)

차　변	계정과목	대　변
	합　계	

4. 결산수정분개　　(단위 : 천원)

구 분	날짜	결산수정분개	
		차　변	대　변
(9)	12월 31일		
(10)	12월 31일		
(11)	12월 31일		

5. 결산수정분개의 원장 전기　　(단위 : 천원)

현금

차변합계	대변합계

매출

차변합계	대변합계

자본금

차변합계	대변합계

소모품

차변합계	대변합계

비품

차변합계	대변합계

상품

차변합계	대변합계

외상매출금

차변합계	대변합계

미지급금

차변합계	대변합계

차입금

차변합계	대변합계

받을어음

차변합계	대변합계

지급어음

차변합계	대변합계

매출원가

차변합계	대변합계

임차료

차변합계	대변합계

선급임차료

차변합계	대변합계

소모품비

차변합계	대변합계

급여

차변합계	대변합계

미지급급여

차변합계	대변합계

6. 10위식 정산표 작성

<u>정 산 표</u>

(주)경남서점　　　　20×1년 12월 31일 현재　　　　(단위 : 천원)

계정과목	수정전시산표		수정분개		수정후시산표		손익계산서		재무상태표	
	차변	대변	차변	대변	차변	대변	차변	대변	차변	대변
합 계										
합 계										

03 다음은 20X1년 (주)K마트의 기중거래이다. 기중분개, 결산수정분개를 통해 수정전시산표와 정산표를 작성하라.

〈기중자료〉
1월 31일 : 회사는 현금 10,000,000원 출자하여 회사를 설립하고 영업을 개시하다.
2월 1일 : 취득원가가 1,000,000원이고 내용연수가 3년, 잔존가치가 100,000원인 비품을 외상으로 취득하였다. 단, 감가상각방법은 정액법에 의한다.
4월 1일 : 5,000,000원(500개 @₩10,000)에 상품을 외상으로 매입하다.
5월 1일 : 상품(200개 @₩10,000)을 4,000,000원에 현금 판매하다.
8월 1일 : 화재보험에 가입하여 보험료 1년분 1,200,000원을 현금으로 지급하다.
9월 1일 : 단기매매증권을 1,000,000원(100주, 액면가 5,000원, 취득가 10,000원)에 현금 취득하다.

〈추가자료〉
① 재고자산은 계속기록법에 따라 회계처리하며 기초재고는 없다.
② 단기매매증권의 공정가치는 주당 9,000원이다.
③ 당기분 비품의 감가상각비는 275,000원이다.

풀이

1. 기중분개 (단위 : 천원)

구 분	날짜	기중거래 차 변	기중거래 대 변
(1)	1월 31일		
(2)	2월 1일		
(3)	4월 1일		
(4)	5월 1일		
(5)	8월 1일		
(6)	9월 1일		

2. 총계정원장 전기 (단위 : 천원)

현금

차변합계	대변합계

매출

차변합계	대변합계

자본금	
차변합계	대변합계

상품	
차변합계	대변합계

비품	
차변합계	대변합계

미지급금	
차변합계	대변합계

외상매입금	
차변합계	대변합계

매출원가	
차변합계	대변합계

보험료	
차변합계	대변합계 1,200

단기매매증권	
차변합계	대변합계

3. 수정전시산표 작성

수정전시산표(잔액시산표)

(주)K마트 20×1년 12월 31일 (단위 : 천원)

차 변	계 정 과 목	대 변
	합 계	

4. 결산수정분개 (단위 : 천원)

구 분	날짜	기중거래	
		차 변	대 변
(6)	12월 31일		
(7)	12월 31일		
(8)	12월 31일		

5. 결산수정분개의 원장 전기 (단위 : 천원)

현금	
차변합계	대변합계

매출	
차변합계	대변합계

자본금	
차변합계	대변합계

상품	
차변합계	대변합계

비품	
차변합계	대변합계

미지급금	
차변합계	대변합계

외상매입금	
차변합계	대변합계

매출원가	
차변합계	대변합계

보험료	
차변합계	대변합계

단기매매증권	
차변합계	대변합계

선급보험료	
차변합계	대변합계

감가상각비	
차변합계	대변합계

감가상각누계액	
차변합계	대변합계

5. 10위식 정산표 작성

<u>정 산 표</u>

(주)K마트 20×1년 12월 31일 현재 (단위 : 천원)

계정과목	수정전시산표		수정분개		수정후시산표		손익계산서		재무상태표	
	차변	대변	차변	대변	차변	대변	차변	대변	차변	대변
합 계										
합 계										

04 **다음은 (주)경남이사의 20X1년 기중거래이다. 기중분개, 결산수정분개를 통해 수정전시산표와 정산표를 작성하라.**

〈기중 거래〉

(1) 12월 1일 : 주식을 발행(액면발행)하여 현금 60,000,000원을 조달하였다.

(2) 12월 2일 : 현금 20,000,000원을 연 6%의 이자율 조건으로 3년 동안 차입하였다. (단, 이자는 6개월 단위로 지급할 것을 약정하였다.)

(3) 12월 3일 : 사무실에 대한 12개월에 해당하는 임차료 15,000,000원을 현금으로 지급하였다.

(4) 12월 3일 : 사무실에 대해 화재보험에 가입하고 1년치 보험료 12,000,000원을 현금으로 지급하였다. 단, 지급된 보험료는 선급보험료 계정을 사용하여 회계처리하였다.

(5) 12월 5일 : 소모품 5,000,000원을 현금으로 구입하며, 구입시 소모품은 자산으로 회계처리하였다.

(6) 12월 10일 : 사무용 비품인 책상과 컴퓨터를 각각 3,000,000원과 4,000,000원에 현금으로 구입하였다. 그리고 이사용역에 필요한 트럭 1대를 20,000,000원에 외상으로 구입하였다.

(7) 12월 15일 : (주)서울에게 사무실 이전 용역을 제공하고 대금 15,000,000원을 다음 달에 받기로 하였다.

(8) 12월 20일 : (주)부산에 이사용역을 제공하고 현금 15,000,000원을 받았다.

(9) 12월 25일 : 12월 15일의 용역대금 15,000,000원을 현금으로 받았다.

(10) 12월 26일 : 12월 10일에 구입한 트럭의 외상대금 20,000,000원을 현금으로 지급하였다.

(11) 12월 30일 : 당월 동안 이사용역과 관련하여 급여 8,000,000원을 종업원에게 지급하였다.

(12) 12월 31일 : (주)창원과 이사용역계약을 체결하였다. 이사용역은 다음달 15일, 16일 이틀 동안 제공될 예정이고 용역대금 8,000,000원 가운데 3,000,000원을 현금으로 미리 받았다.

〈결산수정사항〉

(13) 비품과 차량운반구의 당기 감가상각비는 각각 80,000원과 250,000원이다.

(14) 소모품은 당기말까지 전액 사용되지 않았다.

(15) 선급보험료, 임차료, 이자비용에 대해 결산수정분개를 하시오.

풀이

1. 기중 거래 분개 (단위 : 천원)

구 분	날 짜	기중 거래 분개	
		차 변	대 변
(1)	12월 02일		
(2)	12월 02일		
(3)	12월 02일		
(4)	12월 02일		
(5)	12월 05일		
(6)	12월 10일		
(7)	12월 15일		
(8)	12월 20일		
(9)	12월 25일		
(10)	12월 26일		
(11)	12월 30일		
(12)	12월 31일		

2. 총계정원장 전기

총계정원장

(재무상태표항목) (단위 : 천원)

현 금	
차변합계	대변합계

자본금	
차변합계	대변합계

차입금	
차변합계	대변합계

소모품	
차변합계	대변합계

선급보험료

차변합계	대변합계

비 품

차변합계	대변합계

차량운반구

차변합계	대변합계

미지급금

차변합계	대변합계

외상매출금

차변합계	대변합계

선수금

	현금
차변합계	대변합계

총계정원장

(포괄손익계산서항목) (단위 : 천원)

용역매출

차변합계	대변합계

급 여

차변합계	대변합계

임차료

차변합계	대변합계

3. 수정전시산표 작성

수정전시산표

(주)경남이사 20×1년 12월 31일 현재 (단위 : 천원)

계정과목	차 변	대 변
현 금		
자 본 금		
소 모 품		
비 품		
차 량 운 반 구		
선 급 보 험 료		
차 입 금		
선 수 금		
미 지 급 금		
용 역 매 출		
급 여		
임 차 료		
합 계		

4. 결산일 수정분개

구 분	날 짜	결산수정분개			
(1)	12월 31일				
(2)	12월 31일				
(3)	12월 31일				
(4)	12월 31일				
(5)	12월 31일				

5. 결산수정분개의 원장전기

총계정원장

(재무상태표항목) (단위 : 천원)

현 금

차변합계	대변합계

자본금

차변합계	대변합계

소모품

차변합계	대변합계

차입금	
차변합계	대변합계

비품	
차변합계	대변합계

선급보험료	
차변합계	대변합계

미지급금	
차변합계	대변합계

차량운반구	
차변합계	대변합계

감가상각누계액	
차변합계	대변합계

외상매출금	
차변합계	대변합계

선급임차료	
차변합계	대변합계

선수금	
차변합계	대변합계

미지급이자	
차변합계	대변합계

총계정원장

(포괄손익계산서항목) (단위 : 천원)

용역매출	
차변합계	대변합계

급 여	
차변합계	대변합계

임차료	
차변합계	대변합계

보험료	
차변합계	대변합계

이자비용	
차변합계	대변합계

감가상각비	
차변합계	대변합계

6. 10위식 정산표 작성

정 산 표

(주)경남이사　　　　20×1년 12월 31일 현재　　　　(단위 : 천원)

계정과목	수정전시산표		수정분개		수정후시산표		손익계산서		재무상태표	
	차변	대변	차변	대변	차변	대변	차변	대변	차변	대변
합　계										
합　계										

콩의 숫자만 세고 있는 사람들, Bean Counters!

자동차에 관심을 가지고 있는 학생들이라면 캐딜락, 뷰익, 폰티악, 사브, 시보레 등을 생산하던 GM을 잘 알 것이다. 그런데 품질과 품격면에서 타 경쟁업체를 압도하던 GM사가 금융위기 여파로 2009년 파산보호 신청을 해야만 했다. 자동차 산업의 세계 1등 기업인 GM사는 왜 파산에 이르렀는가?

47년간 자동차 분야에 종사했던 GM의 전 부회장이자 현 최고임원인 밥 루츠는 거대기업 GM의 흥망성쇠 역사를 『빈 카운터스(Bean Counters)』라는 책을 통해 자세하게 보여준다. '콩의 숫자만 세고 있는 곳'이라는 의미처럼, 제대로 된 제품을 만들어야 할 기업이 재무성과만 따지고 비용 절감만을 논하는 기업으로 변한 탓으로 원인을 분석하고 있다.

일본과 한국의 약진에 따라 자동차 산업의 경쟁력이 줄어들자 이를 만회하기 위해 원가 절감에 매달리게 되었고, 기업의 내부 권력이 자연스레 재무 및 회계 전문가들에게 이동하면서, 품질 대신 영업이익률을 중시 여기는가 하면, 비용을 줄이는 분석에 매달리게 되었다. 급기야 저급의 값싼 부품을 구매하게 되었고, 결과적으로 완성차의 품질은 나빠질 수밖에 없었다.

더더욱 비용 절감을 위한 내부 규정은 강화되고, 고객을 위해 할애되어야 할 시간과 노력이 비용 절감을 위한 회의와 절차로 대체되는 경우가 빈번해지다 보니 악순환의 굴레를 벗어나지 못하고 자동차 제국은 서서히 무너져버리게 되었다.

제대로 된 제품을 만들지 못하는 기업에는 미래가 없음은 자명한 이치다. 정보이용자의 의사결정에 중요한 정보를 제공해주는 회계의 역할은 매우 중요하지만, 현장 전문가들의 열정과 기술을 무너뜨리면서 단순히 '콩의 숫자만 세고 있는' 우를 범하지는 말아야 함을 일깨워주는 사례가 아닐 수 없다.

CHAPTER 06

재무제표의 작성과 장부마감

제1절 재무제표의 작성

기말수정분개를 한 후 총계정원장 상 각 계정들의 기말잔액은 발생주의로 작성된 금액이 된다. 이들 잔액을 기초로 수정후시산표를 작성한 후 오류여부를 확인하고, 오류가 없다면 총계정원장상의 각 계정들의 기말잔액을 기초로 재무제표를 작성한다.

수정후시산표의 자산, 부채, 자본계정은 재무상태표에 나타나며, 수익과 비용계정은 손익계산서에 나타나는데, 이때 차변합계와 대변합계의 금액이 일치하지 않는데 이는 당기순손익이 된다. 당기순손익은 손익거래의 결과로 자본이 증가한 금액이므로 재무상태표에 표시할 때는 이익잉여금이라 표시한다.[1)]

재무제표의 구성요소는 재무상태표, 포괄손익계산서, 자본변동표, 현금흐름표, 주석이 있다.

제2절 장부마감

장부마감절차는 다음과 같다.

① 손익계산서 계정을 집합손익 계정으로 대체하고 마감

② 집합손익계정에서 구한 당기순이익을 미처분이익잉여금 계정으로 대체

③ 재무상태표 계정마감[2)]

---

1) 이익잉여금은 일종의 누적당기순이익을 말한다.

2) 자산, 부채, 자본과 같은 재무상태표 계정의 잔액은 기말 현재 실제 존재하는 금액이므로 실질계정(real account) 또는 영구계정이라고 하지만 손익계산서 계정인 수익과 비용의 잔액은 회계기간 동안 누적된 관념상의 금액일 뿐 실제 존재하는 것이 아니므로 명목계정(nominal account)이라고 한다. 또한 손익계

④ 이월시산표 작성

⑤ 개시기입 : 전기이월 기입과 재수정분개

1. 손익계산서 계정마감

손익계산서 계정인 수익계정과 비용계정은 여러 회계기간에 걸쳐 사용되는 재무상태표 계정과는 달리 특정회계기간에만 사용된다.

따라서 결산일에는 다음 회계기간에 사용하기 위하여 잔액을 영(0)으로 만드는 절차를 수행해야 하는데 이를 손익계산서 계정마감이라 한다. 즉, 차기의 경영성과의 파악을 위해 당기의 수익과 비용을 영(zero)으로 만들어 차기에 새롭게 기록하기 위한 절차이다.

먼저 집합손익(또는 손익)이란 별도의 계정을 설정한 다음에, 수익계정의 대변 잔액은 집합손익계정 대변으로, 비용계정의 차변 잔액은 집합손익계정 차변으로 대체한다.

집합손익계정은 당기의 수익과 비용을 총괄적으로 집계하기 위한 계정이며, 이때의 수익과 비용 계정은 회계기간 종료로 소멸하므로 임시계정에 해당된다.

1) 손익계정의 설정(수익과 비용계정의 집합)

결산분개(마감분개, 대체분개)로 수익과 비용계정은 집합손익계정으로 대체되어 이익을 이익잉여금 계정에 대체함과 동시에 소멸한다.

비용계정 마감:	(차) 집합손익 ×××	(대) 비용계정 ×××
수익계정 마감:	(차) 수익계정 ×××	(대) 집합손익 ×××

산을 마치면 수익과 비용계정은 소멸하므로 차기이후 성과와는 관련이 없는 계정이므로 임시계정이라고도 한다.

예제 1

(주)경남은 20X1년 12월에 지급임차료가 800,000원일 때 마감분개를 하라.

집합손익 800,000 / 지급임차료 800,000

예제 2

(주)경남은 20X1년 12월에 매출이 1,000,000원일 때 마감분개를 하라.

매 출 1,000,000 / 집합손익 1,000,000

2) 집합손익 계정잔액의 이익잉여금 계정으로 대체

집합손익 계정도 수익계정과 비용계정을 마감하기 위하여 임시적으로 설정한 계정에 불과하므로 다른 수익계정이나 비용계정과 다를 바 없다.

따라서 집합손익계정도 마감되어야 하는데 집합손익계정의 잔액은 재무상태표의 자본계정으로 대체함으로써 마감된다. 집합손익계정은 손익거래의 결과이므로 자본계정 중에서도 이익잉여금계정으로 마감된다. 즉, 손익계산서의 당기순이익을 재무상태표의 이익잉여금 계정으로 귀속시킨다.

개인기업: (차) 집합손익 ××× (대) 자본금 ×××
주식회사: (차) 집합손익 ××× (대) 이익잉여금 ×××

예제 3

(주)서울은 20X1년 12월말에 손익계산서상의 당기순이익 200,000원을 미처분이익잉여금으로 대체하는 마감분개를 하라.

집합손익 200,000 / 미처분이익잉여금 200,000

비용

잔액	XXX	집합손익	XXX
차변합계	XXX	대변합계	XXX

수익

집합손익	XXX	잔액	XXX
차변합계	XXX	대변합계	XXX

집합손익

비용	XXX	수익	XXX
이익잉여금	XXX		
차변합계	XXX	대변합계	XXX

이익잉여금

차기이월	XXX	집합손익	XXX
차변합계	XXX	대변합계	XXX

[그림 6-1] 손익계산서 계정마감

2. 재무상태표 계정마감

재무상태표 계정인 자산계정, 부채계정 및 자본계정은 여러 회계기간에 걸쳐 사용되는 계정이므로 잔액을 영(0)으로 만들 필요가 없다. 따라서 각 계정들의 기말잔액을 다음 회계기간의 기초잔액으로 이월시킨다. 차변잔액을 가지는 자산계정은 대변합계가 부족하므로 대변에 차기이월이라 쓰고 부족한 금액을 기록하여 차변합계와 대변합계를 일치시킨다(붉은 글씨). 반대로 대변잔액을 가지는 부채계정과 자본계정은 자산계정과 반대로 하면 된다.

1) 자산 · 부채 · 자본계정의 마감

수익과 비용계정을 마감에 따른 순손익이 이익잉여금계정으로 대체되면 자산, 부채, 자본계정을 마감하여 계정잔액을 차기로 이월한다.

자산

차변		대변	
증 가 액	×××	감 소 액	×××
		차기이월	×××
차변합계	×××	대변합계	×××
전기이월	×××		

부채

차변		대변	
감 소 액	×××	증 가 액	×××
차기이월	×××		
차변합계	×××	대변합계	×××
		전기이월	×××

자본

차변		대변	
감 소 액	×××	증 가 액	×××
차기이월	×××		
차변합계	×××	대변합계	×××
		전기이월	×××

[그림 6-2] **재무상태표 계정마감**

2) 이월시산표의 작성

이월시산표(Post Closing Trial Balance)는 마감분개를 한 후 작성하는 결산후시산표이다. 장부를 마감한 이후 재무상태표 계정의 차기이월금액만으로 구성한 점에서 다른 시산표와 다르다. 이월시산표는 재무상태표와 유사하지만 재무상태표의 차감적 평가계정을 차감하는 형식으로 표시하지 않는 점에서 차이가 있다.

이월시산표

회사명 20×1년 12월 31일 (단위 : 원)

차 변	계 정 과 목	대 변
×××	현 금	
×××	건 물	
×××	상 품	
×××	매 출 채 권	
	매 입 채 무	×××
	미 지 급 이 자	×××
	대 손 충 당 금	×××
	감가상각누계액	×××
	자 본 금	×××
	이 익 잉 여 금	×××
×××	**합 계**	×××

제3절 기초재수정분개

기초재수정분개는 전기말의 기말수정분개를 취소하는 분개를 말하며 역분개(reversing entries)라고 한다. 기초재수정분개는 장부기장을 편하게 하기 위한 것이므로 필수적인 절차는 아니다.

다음과 같이 기초재수정분개를 하면 임차료의 지급시점에 별도로 미지급임차료를 확인하지 않아도 된다.

[기말수정분개]

(차) 임차료 ××× (대) 미지급임차료 ×××

[기초재수정분개]

(차) 미지급임차료 ××× (대) 임차료 ×××

[임차료지급시 분개]

(차) 임차료 ××× (대) 현금 ×××

기초재수정분개는 발생항목과 이연항목에 대해 이루어지며 기간별 배분이 필요한 계정은 그 대상이 아니다.

발생항목의 경우에는 기초재수정분개가 필요하지만 이연항목은 기초재수정분개를 하지 않는 경우도 있다. 예를 들어 이연항목인 보험료의 경우 보험료 지급시점에 보험료로 처리한 경우에만 기초재수정분개가 필요하며, 선급보험료로 처리한 경우에는 기초재수정분개를 할 필요가 없다.[3)]

3) 기초재수정분개는 필수적인 절차가 아니다.

객관식 연습문제

01 집합손익을 마감하는 분개를 할 때 그 상대계정과목은?

① 비용계정 ② 자산계정 ③ 부채계정 ④ 자본계정

02 차기이월로 마감하는 분개를 할 때 그 상대계정과목은?

① 비용계정 ② 자산계정 ③ 수익계정 ④ 집합손익계정

03 다음 계정을 마감하기 위한 분개는?

이자비용			
현 금	3,000,000		

① (차) 자 본 금 3,000,000 (대) 이자비용 3,000,000
② (차) 집합손익 3,000,000 (대) 이자비용 3,000,000
③ (차) 이자비용 3,000,000 (대) 집합손익 3,000,000
④ (차) 이자비용 3,000,000 (대) 현 금 3,000,000

04 다음 계정을 마감하기 위한 분개는?

임대료			
선수임대료	3,000,000	현금	6,000,000

① (차) 임 대 료 3,000,000 (대) 자 본 금 3,000,000
② (차) 임 대 료 3,000,000 (대) 집합손익 3,000,000
③ (차) 집합손익 3,000,000 (대) 임 대 료 3,000,000
④ (차) 선수임대료 3,000,000 (대) 집합손익 3,000,000

05 장부의 마감 시 다음연도로 이월시키는 영구계정은 어느 것인가?

① 급여　② 선수수익　③ 광고선전비　④ 이자수익

06 다음은 계정마감에 대한 설명이다. 가장 올바른 것은? (단, 반드시 아래에 표시된 계정만으로 판단할 것)

외상매입금 (단위 : 원)

차변		대변	
지급어음	90,000	상품	90,000

지급어음 (단위 : 원)

차변		대변	
		외상매입금	90,000

① 지급어음 T계정의 대변에 집합손익은 90,000원이다.
② 지급어음 T계정의 차변에 차기이월액은 90,000원이다.
③ 외상매입금 T계정의 차변에 차기이월액은 90,000원이다.
④ 외상매입금 T계정의 대변에 집합손익은 90,000원이다.

07 장부마감 절차에 대한 설명중에서 잘못된 것은?

① 손익계산서 계정을 집합손익 계정으로 대체하고 마감한다.
② 집합손익계정에서 구한 당기순이익을 미처분이익잉여금 계정으로 대체한다.
③ 재무상태표 계정을 마감한 후 이월시산표를 작성한다.
④ 이월시산표를 작성하는 경우에 재무상태표와 마찬가지로 차감적 평가 계정은 차감하는 형식으로 기재한다.

08 기초재수정 분개에 대한 설명으로 잘못된 것은?

① 기초재수정분개는 발생항목에 대해서 이루어진다.
② 이연항목은 기초재수정분개를 하지 않는 경우도 있다.
③ 기초재수정분개는 필수적 절차이다.
④ 기초재수정분개는 전기말의 기말수정분개를 취소하는 분개이며 역분개라고 한다.

객관식 연습문제 해답

01 ① 집합손익계정으로 마감하는 것은 수익과 비용계정이다.

02 ② 차기이월계정으로 마감하는 것은 자산, 부채, 자본계정이다.

03 ② 비용계정은 집합손익계정으로 마감하여 잔액을 0으로 만든다.

04 ② 임대료 증가분이 6,000,000원이고, 감소분이 3,000,000원이므로 손익대체금액은 3,000,000원이 된다.

05 ② 선수수익은 부채계정으로 차기월하는 영구계정 또는 실질계정이고 나머지는 손익계산서 계정으로 명목계정 또는 임시계정이다.

06 ② 지급어음의 잔액은 90,000원이며, 부채계정인 지급어음의 차기이월액은 90,000원으로 T계정의 차변에 기록된다. 외상매입금은 잔액이 없으므로 차기이월액은 0원이다.

07 ④ 이월시산표와 재무상태표와 달리 차감적 평가계정을 차감하는 형식으로 표시하지 않는다.

08 ③ 기초재수정분개는 필수적 절차가 아니다.

종합문제

01 **20X1년 12월 1일 개업한 (주)익스프레스는 이사전문업체로서, 다음은 당 회사의 20X1년 12월 1일부터 12월 31일까지의 거래내역이다. 분개, 원장전기, 시산표 작성, 장부마감, 재무제표를 작성하라.**

(1) 12월 1일 : 주식을 액면발행하여 현금 30,000,000원을 조달하였다.
(2) 12월 2일 : 사무실 임차료로 현금 6,000,000원(6개월분)을 지급하였다(단, 임차료는 비용계정을 사용할 것).
(3) 12월 5일 : 소모품 4,500,000원을 현금으로 구입하였다(단, 소모품은 자산계정을 사용할 것).
(4) 12월 15일 : A기업에게 사무실 이전 용역을 제공하고 대금 22,500,000원 중에서 2,500,000원은 현금으로 받고 나머지는 다음 달에 받기로 약정하였다.
(5) 12월 25일 : 2월 15일의 용역대금 9,500,000원을 현금으로 받았다.
(6) 12월 30일 : 당월 동안 이사용역과 관련하여 급여 8,500,000원을 종업원에게 다음 달에 지급하기로 하였다.
(7) 12월 31일 : C고객과 이사용역계약을 체결하였다. 이사용역은 내년 2월 5일, 6일 이틀 동안 제공될 예정이고 서비스용역 대금 7,700,000원 가운데 2,000,000원을 현금으로 미리 받았다.

〈추가자료〉
① 소모품 미사용 잔액은 2,000,000원이다.
② 기간 경과분 임차료에 대해 결산수정분개를 하시오.

풀이

1. 기중 분개 (단위 : 천원)

구 분	날 짜	기중 거래의 분개	
		차 변	대 변
(1)	12월 01일		
(2)	12월 02일		
(3)	12월 05일		
(4)	12월 15일		
(5)	12월 25일		
(6)	12월 30일		
(7)	12월 31일		

2. 원장의 전기

총계정원장

(단위 : 천원)

현 금

차변합계	대변합계

자본금

차변합계	대변합계

임차료

차변합계	대변합계

소모품

차변합계	대변합계

매출채권

차변합계	대변합계

용역매출

차변합계	대변합계

급여

차변합계	대변합계

미지급비용

차변합계	대변합계

선수금

차변합계	대변합계

소모품비*

차변합계	대변합계

선급임차료*

차변합계	대변합계

(참고) *는 결산수정분개를 반영한 계정과목임.

3. 수정전(잔액)시산표

수정전(잔액)시산표

(주)익스프레스　　20×1년 12월 31일 현재　　(단위 : 천원)

계 정 과 목	차　　변	대　　변
합　계		

4. 결산일 수정분개　　(단위 : 천원)

구 분	날짜	기중 거래의 분개	
		차　　변	대　　변
(1)	12월 31일		
(2)	12월 31일		

5. 10위식 정산표 작성

정 산 표　　(단위 : 천원)

계정과목	수정전시산표		수정분개		수정후시산표		손익계산서		재무상태표	
	차변	대변	차변	대변	차변	대변	차변	대변	차변	대변
합　계										
합　계										

6. 장부의 마감

(1) 손익계산서 계정의 마감분개

구 분	손익계산서 계정의 마감분개	
	차 변	대 변
(1) 수익의 마감		
(2) 비용의 마감		
(3) 집합손익의 마감		

(2) 마감분개의 전기 및 계정의 마감

총계정원장

(단위 : 천원)

현 금

차변합계	대변합계

자본금

차변합계	대변합계

임차료

차변합계	대변합계

소모품

차변합계	대변합계

매출채권

차변합계	대변합계

용역매출

차변합계	대변합계

급여

차변합계	대변합계

미지급비용

차변합계	대변합계

선수금

차변합계	대변합계

소모품비*

차변합계	대변합계

선급임차료*

차변합계	대변합계

(참고) * 는 결산수정분개를 반영한 계정과목임.

집합손익

합 계	합 계

이월시산표

(주)익스프레스 20×1년 12월 31일 현재 (단위 : 천원)

계 정 과 목	차 변	대 변
합 계		

7. 재무제표의 작성

손익계산서

(주)익스프레스 20×1년 12월 01일 ~ 20×1년 12월 31일 (단위 : 천원)

합 계	합 계

재무상태표

(주)익스프레스	20×1년 12월 31일	(단위 : 천원)
합 계		합 계

02 20X1년 12월 1일 개업한 (주)강남익스프레스는 이사전문업체로서, 다음은 당 회사의 20X1년 12월 1일부터 12월 31일까지의 거래내역이다. 분개, 원장 전기, 시산표 작성, 장부마감, 재무제표를 작성하라.

〈기중거래〉

(1) 12월 1일 : 주식을 발행(액면발행)하여 현금 30,000,000원을 조달하였다.
(2) 12월 2일 : 회사는 운영자금 12,000,000원을 은행 차입하였다(단, 연이자율 5%, 만기 1년, 이자는 6개월 단위로 지급함).
(2) 12월 3일 : 사무실 임차료 현금 6,000,000원(6개월분)을 지급하였다(단, 임차료는 비용계정을 사용할 것).
(3) 12월 5일 : 소모품 4,500,000원을 현금으로 구입하였다(단, 소모품은 자산계정을 사용할 것).
(4) 12월 15일 : A기업에게 사무실 이전 용역을 제공하고 대금 22,500,000원을 2,500,000원은 현금으로 받고 나머지는 다음에 받기로 약정하였다.
(5) 12월 25일 : 12월 15일의 용역대금 9,500,000원을 현금으로 받았다.
(6) 12월 31일 : C고객과 이사용역계약을 체결하였다. 이사용역은 내년 2월 5일, 6일 이틀 동안 제공될 예정이고 서비스용역 대금 7,700,000원 가운데 2,000,000원을 현금으로 미리 받았다.

〈추가자료〉

① 소모품 미사용 잔액은 2,000,000원이다.
② 기간 경과분 임차료와 이자비용에 대해 결산수정분개를 하시오.
③ 12월 급여 8,500,000원이 발생하였지만 회사 규정에 따라 다음달 15일 지급하기로 한다.

풀이

1. 기중 거래의 분개

(단위 : 천원)

구분	날짜	기중 거래의 분개	
		차 변	대 변
(1)	12월 01일		
(2)	12월 02일		
(3)	12월 02일		
(4)	12월 05일		
(5)	12월 15일		
(6)	12월 25일		
(7)	12월 31일		

2. 원장의 전기

총계정원장

(단위 : 천원)

현 금

차변합계	대변합계

자본금

차변합계	대변합계

차입금

차변합계	대변합계

임차료

차변합계	대변합계

소모품

차변합계	대변합계

매출채권

차변합계	대변합계

용역매출

차변합계	대변합계

선수금

차변합계	대변합계

소모품비*	
차변합계	대변합계

선급임차료*	
차변합계	대변합계

이자비용*	
차변합계	대변합계

미지급이자*	
차변합계	대변합계

급 여*	
차변합계	대변합계

미지급급여*	
차변합계	대변합계

(참고) *는 결산수정분개를 반영한 계정과목임.

3. 수정전(잔액)시산표

수정전(잔액)시산표

(주)강남익스프레스　　20×1년 12월 31일 현재　　(단위 : 천원)

계 정 과 목	차 변	대 변
합 계		

4. 결산일 수정분개

(단위 : 천원)

구 분	날 짜	기중 거래의 분개	
		차 변	대 변
(1)	12월 31일		
(2)	12월 31일		
(3)	12월 31일		
(4)	12월 31일		

5. 10위식 정산표 작성

정 산 표

(단위 : 천원)

계정과목	수정전시산표		수정분개		수정후시산표		손익계산서		재무상태표	
	차변	대변	차변	대변	차변	대변	차변	대변	차변	대변
합 계										
합 계										

6. 장부의 마감

(1) 손익계산서 계정의 마감분개

구 분	손익계산서 계정의 마감분개	
	차 변	대 변
(1) 수익의 마감		
(2) 비용의 마감		
(3) 집합손익의 마감		

(2) 마감분개의 전기 및 계정의 마감

총계정원장

(단위 : 천원)

현 금

차변합계	대변합계

자본금

차변합계	대변합계

차입금

차변합계	대변합계

임차료

차변합계	대변합계

소모품

차변합계	대변합계

매출채권

차변합계	대변합계

용역매출

차변합계	대변합계

선수금

차변합계	대변합계

소모품비*

차변합계	대변합계

선급임차료*

차변합계	대변합계

이자비용*

차변합계	대변합계

미지급이자*

차변합계	대변합계

급 여*	
차변합계	대변합계

미지급급여*	
차변합계	대변합계

(참고) *는 결산수정분개를 반영한 계정과목임.

집합손익	
합 계	합 계

이월시산표

(주)강남익스프레스　　20×1년 12월 31일 현재　　(단위 : 천원)

계 정 과 목	차 변	대 변
합 계		

7. 재무제표의 작성

손익계산서

(주)강남익스프레스 20×1년 12월 1일 ~ 20×1년 12월 31일 (단위 : 천원)

합 계	합 계

재무상태표

(주)강남익스프레스 20×1년 12월 31일 (단위 : 천원)

합 계	합 계

CHAPTER 07

유동자산

제1절 • 당좌자산

제2절 • 재고자산

제1절 당좌자산

당좌자산은 유동자산 중에서 현금화하기 쉬운 성질의 자산으로 판매과정을 거치지 않고 현금화가 가능하며 비교적 운용이 자유로운 자산이다. 그리고 당좌자산은 재무상태표일로부터 1년 이내에 현금화 가능한 자산이므로 유동자산에 해당한다. 당좌자산의 종류를 나열하면 다음과 같다.

현금 및 현금성자산, 당기손익인식금융자산(단기매매금융자산), 매출채권, 단기대여금, 미수금, 미수수익, 선급금, 선급비용, 이연법인세자산, 기타당좌자산

1. 현금 및 현금성자산

현금 및 현금성자산이란 현금(통화 및 통화대용증권)과 예금(당좌예금 · 보통예금) 및 현금성자산으로 구성된다.

현금성자산이라 함은 ① 큰 거래비용이 없이 현금으로 전환이 용이하고, ② 이자율 변동에 따른 가치변동의 위험이 중요하지 않은 유가증권 및 단기금융상품으로서, ③ 취득당시 만기가 3개월 이내에 도래하는 것을 말한다. (예 : 3개월 이내 환매조건의 환매채와 양도성예금증서, 초단기수익증권MMF 등)

〈표 7-1〉 현금 및 현금성자산

현금 및 현금성자산	현금	통화	주화 또는 지폐
		통화대용증권	자기앞수표, 타인발행수표, 만기도래 국 · 공채, 전신환, 우편환, 배당금지급통지표
	예금		보통예금, 당좌예금
	현금성자산		만기가 3월 이내에 도래하는 채권 · 상환우선주 및 만기가 3월 이내인 단기금융상품

〈표 7-2〉 수표

수 표	타인(동점)발행수표	현 금
	자기(당점)발행수표	당 좌 예 금
	선일자수표1)	매 출 채 권

예제 1

원재료를 5,000원에 매입하고 대금은 은행발행자기앞수표로 지급하였다.

(차) 원재료 5,000 (대) 현금 5,000

2. 단기매매금융자산

단기간내 시세차익을 얻기 위해 취득한 금융자산이다. 당기손익인식금융자산을 기말에 공정가액으로 평가할 경우 기말의 공정가액과 장부가액의 차이를 당기손익금융자산평가손익계정으로 기록한다.

한편, 기업이 여러 종류의 주식으로 구성된 포트폴리오를 보유하고 있다면 각 증권의 평가손익을 중요성의 관점에서 통합하여 단일금액으로 표시할 수 있다.

〈표 7-3〉 유가증권의 분류2)

계 정 과 목	정 의	재무상태표 표시
단기매매금융자산	단기간 내의 매매차익을 목적으로 주식과 채권을 취득하였을 경우 단기매매금융자산 계정으로 회계 처리한다.	유동자산
만기보유금융자산	기업이 채권을 취득하였는데 당해 채권을 만기까지 보유할 적극적인 의도와 능력이 있다면 만기보유금융자산 계정으로 회계 처리한다. 주식은 만기개념이 없으므로 만기보유증권으로 분류될 수 없다.	투자자산
매도가능금융자산	단기매매증권과 만기보유증권으로 분류되지 않는 증권과 채권은 매도가능증권으로 회계 처리한다.	투자자산
관계기업투자주식3)	다른 기업에 대해서 중대한 영향력을 행사할 수 있는 정도의 주식을 취득한 경우, 발행된 총주식의 20% 이상을 보유하면 관계기업투자주식으로 회계처리하며 지분법회계처리를 한다.	투자자산

1) 선일자수표는 실제 발행일보다 수표에 발행일이 늦은 수표를 말한다. 예를 들어 실제로는 6월 20일에 발행하면서 수표면상의 기재에는 7월 1일로 기재하는 것이다. 선일자수표는 지급제시기간을 사실상 연장하기 위한 때나 수표발행 당시에는 은행에 자금이 없을지라도 수표에 기재한 발행일까지는 자금을 마련할 수 있다고 예상되는 때 이용된다.

1) 취득원가의 결정

단기매매증권의 취득원가에는 취득부대비용(대리인 또는 중개인 수수료, 증권거래소의 거래수수료 등)은 당기비용(지급수수료)으로 처리한다.

예제 2

1. 단기매매증권 5주(액면 2,000원)를 주당 3,000원에 현금 매입하였다.

   (차) 단기매매증권 15,000 (대) 현금 15,000

2. 단기매매증권 5주(액면 2,000원)를 주당 3,000원에 현금 매입하고 거래수수료로 2,000원을 지급하였다.

   (차) 단기매매증권 15,000 (대) 현금 17,000
   (차) 지급수수료 2,000

2) 단기매매증권의 기말평가

단기매매증권은 보고기간 말에 공정가치로 측정하고 이 금액을 새로운 장부금액으로 한다. 즉, 측정 전에 장부금액을 기말 공정가치로 조정하여 재무상태표에 표시한다.

단기매매증권의 기말평가에서 평가이익과 평가손실이 동시에 발생하는 경우 총액보고하는 것이 원칙이지만 금액이 중요하지 않는 경우 서로 상계하여 순액 표시할 수 있다.

〈표 7-4〉 **후속측정**

구 분	공정가치 변동의 회계처리
당기손익인식금융자산	당기손익으로 인식
매도가능금융자산	기타포괄손익(자본)으로 인식
만기보유금융자산	공정가치 평가하지 않음

---

2) 한국채택국제회계기준은 유가증권을 첫째, 당기손익인식금융자산(단기매매금융자산, 당기손익인식지정금융자산) 둘째, 만기보유금융자산 셋째, 매도가능금융자산 넷째, 관계기업투자주식으로 분류한다.

3) 일반기업회계기준에서는 '지분법적용투자주식'에 해당한다.

〈표 7-5〉 당기손익인식금융자산의 기말평가

구 분	차 변		대 변	
공정가치〉장부가치	당기손익인식금융자산	×××	당기손익인식금융자산평가이익	×××
공정가치〈장부가치	당기손익인식금융자산평가손실	×××	당기손익인식금융자산	×××

예제 3

1. 단기매매증권의 장부가액은 2,000원인데 기말 공정가액은 5,000원이다.

   (차) 단기매매증권 3,000 (대) 단기매매증권평가이익 3,000

2. 단기매매증권의 장부가액은 3,000원인데 기말 공정가액은 2,000원이다.

   (차) 단기매매증권평가손실 1,000 (대) 단기매매증권 1,000

3) 단기매매증권의 처분

처분가액과 처분시 장부가액을 비교하여 처분손익을 인식한다.

단기매매증권의 매각대금에서 매각수수료는 매각대금에서 차감하여 회계처리한다.

예제 4

단기매매증권(장부가액 1,000원)을 2,000원에 현금을 받고 처분하고 처분수수료는 800원을 현금지급하였다.

(차) 현금 1,200 (대) 단기매매증권 1,000
단기매매증권처분이익 200

3. 매출채권

매출채권은 기업의 계속적이며 반복적인 주된 영업활동에서 발생되는 채권으로 외상매출금과 받을어음이 있으며, 매출채권은 매출의 발생과 동시에 생겨난다.

1) 외상매출금

일반적 상거래에서 발생한 채권을 말한다.

상품이나 제품을 외상으로 판매하고 대금을 회수하지 않은 미수액이다.

외상매출금

기초	×××	회수	×××
매출	×××	대손	×××
		할인	×××
		기말	×××
	×××		×××

2) 받을어음

어음은 상품의 외상거래에 있어서 구두 약속보다 법적 구속력이 있기 때문에 신뢰성이 있는 증거가 된다. 상품을 매출하고 약속어음을 받으면 받을어음계정 차변에 기록한다. 어음은 어음수취인과 만기일, 만기금액, 채무자인 어음발행인의 거래은행, 이자율(이자부어음) 등이 기재된다.

받을어음

기초	×××	어음대금회수	×××
약속어음수취	×××	대손	×××
		할인	×××
		배서양도	
		기말	×××
	×××		×××

4. 대손 회계처리

1) 대손상각비

한국채택국제회계기준은 매출채권의 대손(손상)상각 회계처리방법으로 ① 직접상각법과 ② 충당금설정법을 모두 인정하고 있다.

구 분	직접차감법	충당금설정법
결산시 (대손추정)	(차) 대손상각비 ××× (대) 매출채권 ×××	(차) 대손상각비 ××× (대) 대손충당금 ×××
회수불능시 (대손판명)	분개 없음	(차) 대손충당금 ××× (대) 매출채권 ×××

한국채택국제회계기준은 대손상각비의 인식은 매출채권의 추정미래현금흐름의 현재가치에 기초하여 장부금액과 차이를 대손상각비로 인식한다.

대손충당금의 기말잔액 = 손상 고려 전 매출채권의 명목금액 - 매출채권 현재가치

예제 5

(주)서울은 당기말 수정전 시산표에 매출채권 10,000원, 대손충당금 1,000원이 기록되어 있다. (주)서울의 기말매출채권의 미래 현금흐름의 현재가치가 8,500원으로 추정되었다고 할 때 결산수정분개를 하라.

〈해답〉

(차) 대손상각비 500 (대) 대손충당금 500

* 대손충당금의 기말잔액 = 손상전 매출채권 명목금액 - 매출채권의 현재가치
  = 10,000원 - 8,500원 = 1,500원
* 결산일에 인식할 대손상각비 = 대손충당금기말잔액 - 결산전 대손충당금잔액
  = 1,500원 - 1,000원 = 500원

만일, (주)서울의 기말매출채권의 미래현금흐름의 현재가치가 9,200원이라고 할 때 대손설정에 대한 결산수정분개를 하라.

(차) 대손충당금 200 (대) 대손충당금환입 200

예제 6

(주)서울의 당기로 이월된 매출채권은 10,000원이며 당기초 대손충당금 잔액은 700원이다.
4월 1일에 매출채권 중 200원이 회수불능되었다.
5월 1일에 회수불능으로 판명되었던 매출채권 200원이 현금으로 회수되었다.

〈해답〉

4월 1일	(차) 대손충당금	200	(대) 매출채권	200
5월 1일	(차) 현금	200	(대) 대손충당금	200

* 5월 1일 분개는 다음의 분개를 요약한 것이다.

(차) 매출채권	200	(대) 대손충당금	200
(차) 현금	200	(대) 매출채권	200

제2절 재고자산

재고자산이란 기업의 정상적인 영업활동에서 판매를 목적으로 보유하는 실물자산으로서 이에는 상품, 제품, 반제품, 재공품, 원재료, 저장품 등이 있다.

재고자산의 취득원가는 매입가액 또는 제조원가에 부대비용을 가산하여 결정한다. 기말에 가서는 개별법, 선입선출법, 후입선출법, 이동평균법, 총평균법 등을 적용하여 평가한다.

기업회계기준에서는 시가와 취득원가를 비교하여 시가가 취득원가보다 낮은 경우 시가로 평가하는 저가기준에 의한 재고자산 평가방법을 택하고 있다.

(기말) 재고자산 = 수 량 × 단 가

수 량
- ① 실지재고조사법
- ② 계속기록법

단 가
- ① 개별법
- ② 선입선출법
- ③ 총평균법
- ④ 이동평균법
- ⑤ 후입선출법[4)]

1. 재고자산의 수량결정

1) 실지재고조사법

실지재고조사법(periodic inventory method)은 기중 입고, 출고가 발생할 때마다 상품계정에 기록하지 않고, 기말에 실사를 통해 파악된 기말재고수량을 파악하고 판매가능수량 중 기말재고수량을 제외한 나머지는 판매되거나 사용된 것으로 간주하는 방법이다. 실사법은 재고자산의 구입시에만 수량을 기재하고 판매, 사용시에는 기록하지 않는다. 실사법은 재고자산을 구입하는 경우 매입계정에 회계처리하고, 결산일에 매출원가로 인식한다.

기초재고량 + 당기매입량 - 기말재고량(실제) = 당기판매수량

(장점) 편리하고, 저가품 다량의 상품취급업체(철물, 의약품)에 적합하다.

(단점) 기말재고조사로 영업에 지장을 줄 수 있고, 재고감모손실이 매출원가에 포함된다.[5)]

4) 한국채택국제회계기준(K-IFRS)은 이익조정의 방법으로 악용된다는 취지에서 후입선출법을 인정하지 않고 있다.

5) 재고실사에 포함되지 않은 재고자산은 모두 판매된 것으로 가정하므로 도난, 자연감소 등의 감모량이 판매수량에 포함된다.

예제 7

(주)서울의 실지재고조사법하에서 재고자산의 거래내역과 기말재고자산의 조사내역은 다음과 같다. 각 사건별 회계처리를 하라.

구 분	수 량	단 가	금 액
01월 01일 기초상품	50	100	5,000
06월 01일 당기매입	300	100	30,000
10월 01일 당기매출	200	300	60,000
12월 31일 기말재고	150	100	15,000

〈해답〉

06월 01일 매입시 : (차) 매입 30,000 (대) 현금 30,000

10월 01일 매출시 : (차) 현금 60,000 (대) 매출 60,000

12월 31일 기말수정분개 :	(차) 매출원가	5,000	(대) 상 품	5,000
	(차) 매출원가	30,000	(대) 매입	30,000
	(차) 상품	15,000	(대) 매출원가	15,000

2) 계속기록법

계속기록법(perpetual inventory method)은 재고자산의 입・출고 시점마다 구입수량, 단가 및 금액에 대한 기록을 계속적으로 관리하는 방법이다. 계속기록법에서는 당기 판매가능수량 중에서 당기에 실제로 판매된 수량을 차감하여 기말재고수량을 계산하는 방법이다. 재고자산 입・출고시마다 수량과 금액을 계속적으로 기록하는 방법이다. 재고자산의 구입시 매입계정을 설정하지 않고 재고자산 계정으로 회계처리하였다가 판매시에 매출원가로 인식한다.

기초재고량 + 당기매입량 - 당기판매수량 = 장부상 기말재고수량

(장점) 재고감모손실이 매출원가에 포함되지 않는다. 통제목적에 적합하다.

(단점) 창고의 재고액을 알 수 없다. 번잡하고 외부보고목적에 부적합하다.

예제 8

(주)서울의 계속기록법하에서 재고자산의 거래내역과 기말재고자산의 조사내역은 다음과 같다. 각 사건별 회계처리를 하라.

구 분	수 량	단 가	금 액
01월 01일 기초상품	50	100	5,000
06월 01일 당기매입	300	100	30,000
10월 01일 당기매출	200	300	60,000
12월 31일 기말재고	150	100	15,000

〈해답〉

06월 1일 : (차) 상품 30,000 (대) 현금 30,000
10월 1일 : (차) 현금 60,000 (대) 매출 60,000
(차) 매출원가 20,000 (대) 상품 20,000

〈표 7-6〉 **계속기록법과 실지재고조사법 비교**

실지재고조사법	계속기록법
1. 입고만 기록	1. 입고, 출고를 장부에 기록
2. 기말재고수량은 창고 실사로 파악	2. 기말재고수량을 장부로 파악
3. 상품매입을 비용발생, 매입계정 기록	3. 상품매입을 자산증가, 상품계정 기록
4. 매출시 매출분개만 함	4. 매출시 매출액분개, 매출원가 분개를 함
5. 상품계정은 기초재고액만 나타남	5. 상품계정은 기초, 기중에 나타남
6. 장부에서 상품의 기말재고액, 매출원가 알 수 없음	6. 장부에서 상품의 기말재고, 매출원가를 즉시 알 수 있음
7. 기말결산에서 수정분개를 통해 매출원가계산함	7. 당기중에 매출원가는 즉시 계산됨

2. 재고자산의 단가결정

재고자산의 판매량 및 기말재고수량에 필요한 단가를 결정하는 방법으로 원가흐름의 가정에 따라 다음과 같이 나눈다.

1) 개별법

가장 이상적인 방법으로 구입시 상품마다의 가격표를 붙여 두었다가 출고될 때에 가격에 표시된 매입가격을 개별수익에 대응하도록 하는 방법이다. 특수한 경우(보석류)를 제외하고는 적용하기 어렵다.

2) 선입선출법

선입선출법(First-In First-Out Method : FIFO)은 먼저 매입된 것이 먼저 팔린다는 가정하에 따라서 최근에 매입한 것이 기말재고자산으로 남고 먼저 매입한 것이 매출원가를 구성하므로 물가상승시 당기순이익이 과대계상되고 기말재고자산도 과대계상된다[6].

선입선출법은 재고실사법이나 계속기록법 중에서 어떠한 방법을 선택하더라도 매출원가와 기말재고의 금액이 동일하다(매출원가 329,000원과 기말재고액 126,000원).

일 자	매 입		매 출	재 고
	수 량	단 가	수 량	누적수량
03월 2일	5,000	10		5,000
04월 2일	15,000	15		20,000
05월 3일			18,000	2,000
10월 3일	10,000	18		12,000
12월 3일			5,000	7,000
합 계	30,000(개)		23,000(개)	

(1) 실지재고조사법

실지재고조사법은 기말에 재고수량은 한번 결정한다.

① 기말재고 : (7,000개 × 18원) = 126,000원

② 매출원가 : (5,000개 × 10원) + (13,000개 × 15원) + (2,000개 × 15원)
+ (3,000개 × 18원) = 329,000원

6) 선입선출법과 반대로 후입선출법(Last-In First-Out Method : LIFO)은 나중에 매입된 것이 먼저 팔린다는 가정 하에 매출원가와 기말재고자산을 계산하는 방법이다. 하지만 이익을 조작하는 수단으로 이용된다는 관점에서 한국채택국제회계기준에서 인정하지 않아 본문에서는 제외하였다.

(2) 계속기록법

계속기록법은 매출이 있을 때마다 매출원가를 계산한다.

① 기말재고 : (7,000개 × 18원) = 126,000원

② 매출원가 : (5,000개 × 10원) + (13,000개 × 15원) + (2,000개 × 15원)
+ (3,000개 × 18원) = 329,000원

3) 총평균법

총평균법은 1년 동안의 재고자산 원가를 한번만 가중평균하여 단가를 결정하는 방법으로 총매입원가를 총매입수량으로 나눠 단위당원가를 계산하는 방법이다.

총평균법은 장부를 계속 기록하지 않아도 평균단가를 산출하므로 실지재고조사법의 경우에 사용한다.

일 자	매 입		매 출	재 고
	수 량	단 가	수 량	누적수량
03월 2일	5,000	10		5,000
04월 2일	15,000	15		20,000
05월 3일			18,000	2,000
10월 3일	10,000	18		12,000
12월 3일			5,000	7,000
합 계	30,000(개)		23,000(개)	

실지재고조사법은 매입과 매출의 순서에 관계없이 가중평균하여 평균단가를 한번 결정한다. 총평균법의 적용은 재고실사법과 일치한다.

① 평균단가 : (5,000개 × 10원) + (15,000개 × 15원) + (10,000개 × 18원) /
(5,000개 + 15,000개 + 10,000개) = 455,000 / 30,000 = 15.17원

② 기말재고 : 7,000개 × 15.17원 = 106,190원

③ 매출원가 : 23,000개 × 15.17원 = 348,910원

4) 이동평균법

이동평균법은 재고자산의 매입시마다 현재까지의 총매입원가를 총수량으로 나누어 재고자산의 단위당원가로 계산하는 방법이다. 이동평균법하에서 평균단가는 매입이 발생할 때마다 산출된다. 즉, 이동평균법은 장부를 계속기록하면서 단가를 구하므로 계속기록법에서만 사용할 수 있다.

일 자	매 입		매 출	재 고
	수 량	단 가	수 량	누적수량
03월 2일	5,000	10		5,000
04월 2일	15,000	15		20,000
05월 3일			18,000	2,000
10월 3일	10,000	18		12,000
12월 3일			5,000	7,000
합 계	30,000(개)		23,000(개)	

계속기록법하에서 평균법을 적용하여 재고자산의 가액을 결정하면 매출이 있을 때마다 매출원가가 계산된다.

① 평균단가 : 05월 3일 : (5,000개 × 10원) + (15,000개 × 15원) / (5,000개 + 15,000개) = 275,000원 / 20,000개 = 13.75원
12월 3일 : (2,000개 × 13.75원) + (10,000개 × 18원) / (2,000개 + 10,000개) = 207,500원 / 12,000개 = 17.29원

② 매출원가 : 05월 3일 : 18,000개 × 13.75원 = 247,500원
12월 3일 : 5,000개 × 17.29원 = 86,450원

③ 기말재고 : 7,000개 × 17.29원 = 121,030원

〈표 7-7〉 **재고자산의 원가흐름의 가정 비교(물가상승 가정)**

① 당기순이익의 크기 : 후입선출법 〈 총평균법 〈 이동평균법 〈 선입선출법
② 매출원가의 크기 : 선입선출법 〈 이동평균법 〈 총평균법 〈 후입선출법
③ 기말재고액의 크기 : 후입선출법 〈 총평균법 〈 이동평균법 〈 선입선출법

기말재고 ↑	→	매출원가 ↓	→	당기순이익 ↑
기말재고 ↓	→	매출원가 ↑	→	당기순이익 ↓

〈표 7-8〉 재고자산의 수량결정방법과 원가흐름의 가정 요약

원가흐름 \ 수량결정	실지재고조사법	계속기록법
1. 개별법	○	○
2. 선입선출법	○	○
3. 이동평균법	×	○
4. 총평균법	○	×

3. 기말재고자산의 평가 : 저가법

1) 재고자산감모손실

재고를 조사한 결과 보관중의 파손, 분실, 도난 등의 원인으로 인하여 장부상의 재고액과 실지재고액이 일치하지 않는 경우 동 차액을 재고자산감모손실이라 한다. 이 경우에는 재고자산감모손실계정을 설정하여 그 차변에 기입하고 동시에 장부잔액을 그만큼 감소시킨다.

(차) 재고자산감모손실 ××× (대) 재고자산 ×××
(적요 : ⑧ 타계정으로 대체액)[7)]

정상적으로 발생하는 감모손실은 매출원가에 가산한다. 비정상적으로 발생한 감모손실은 기타비용(영업외비용)으로 분류한다. 여기서 정상감모손실은 재고자산의 매입이나 제조과정에서 회피불가능한 지출이다.

---

7) 기업의 영업활동과정에서 제품이나 상품을 판매목적이외로 자산을 사용하는 경우에는 타계정대체라고 한다. 타계정대체된 금액은 매출원가에 포함시키지 않는다.

〈표 7-9〉 재고자산감모손실의 구분

구 분	비용처리 방법
1. 정상감모손실	매출원가에 가산처리
2. 비정상감모손실	기타비용(영업외비용)처리

2) 재고자산평가손실

실지재고액의 시가가 취득원가보다 하락한 경우에는 그 차액을 재고자산평가손실이라 하며, 재고평가손실계정을 설정하여 그 차변에 기입하고, 역시 장부잔액을 그만큼 감소시킨다.

기업회계기준에서는 저가기준을 적용할 때 재고자산의 취득원가와 비교되는 공정가치는 순실현가능가치(예상판매가격 - 예상처분비용)로 평가하도록 하고 있다.

재고자산평가손실이 발생하는 경우 재고자산평가손실충당금(누계액)은 재고자산의 차감적 평가계정으로 표시하고 재고자산평가손실은 매출원가에 가산한다.

(차) 재고자산평가손실 ××× (대) 재고평가손실충당금(누계액) ×××

객관식 연습문제

01 당좌자산에 대한 설명으로 가장 올바르지 않은 것은? [전산회계2급 42회]

① 유동자산 중 판매과정을 거치지 않고 바로 현금화할 수 있는 자산이다.
② 현금계정에서 처리되는 것에는 보험증권, 주식, 상품권도 포함된다.
③ 미수수익, 미수금, 선급금은 항목이 중요한 경우에는 재무제표에 개별 표시한다.
④ 단기투자자산은 기업의 단기 유동성을 파악하는데 중요한 정보이기 때문에 당좌자산 내에 별도 항목으로 표시한다.

02 다음의 계정과목들 중에서 현금 및 현금성자산에 속하지 않는 것은?

① 선일자수표　　② 우편환증서
③ 타인발행수표　　④ 취득당시 만기가 3개월 이내에 도래하는 채권

03 유가증권의 취득과 관련된 직접 거래원가의 회계처리로 잘못된 것은?

① 기타의 금융부채로 분류하는 경우에는 공정가치에 가산한다.
② 만기보유증권으로 분류하는 경우에는 공정가치에 가산한다.
③ 매도가능증권으로 분류하는 경우에는 공정가치에 가산한다.
④ 단기매매증권으로 분류하는 경우에는 공정가치에 가산한다.

04 다음 내용을 보고 12월 31일 결산 시 평가에 따른 분개로 옳은 것은? (단, 한국채택국제회계기준을 적용한다) [기업회계2급 21회]

12월 31일 현재 단기매매차익을 목적으로 소유한 A주식 100주 (취득가액 1주당 6,000원, 공정가액 1주당 7,000원, 액면가액 1주당 5,000원)

① (차) 단기매매금융자산 200,000 (대) 단기매매금융자산평가손실 200,000
② (차) 단기매매금융자산 100,000 (대) 단기매매금융자산평가이익 100,000
③ (차) 단기매매금융자산평가손실 200,000 (대) 단기매매금융자산 200,000
④ (차) 단기매매금융자산평가손실 100,000 (대) 단기매매금융자산 100,000

05 **다음 자료에서 20X1년말 대손충당금 추가설정액은 얼마인가? 단, 대손충당금은 매출채권 잔액의 1%를 설정하며, 전기회수불능채권은 대손충당금으로 상계처리한 것으로 가정한다.** [전산회계2급 51회]

- 20X1. 1. 1 : 대손충당금 이월액 : 1,200,000원
- 20X1. 7. 1 : 전기회수불능채권 현금회수액 : 200,000원
- 20X1.12.31 : 매출채권잔액 : 200,000,000원

① 600,000원 ② 800,000원 ③ 1,000,000원 ④ 1,200,000원

06 **(주)서울은 유형자산 처분에 따른 미수금 기말잔액 45,000,000원에 대하여 2%의 대손충당금을 설정하려 한다. 기초 대손충당금 400,000원이 있었고 당기 중 320,000원 대손이 발생되었다면 보충법에 의하여 기말 대손충당금 설정 분개로 올바른 것은?** [전산회계1급 51회]

① (차) 대 손 상 각 비 820,000 (대) 대손충당금 820,000
② (차) 기타의 대손상각비 820,000 (대) 대손충당금 820,000
③ (차) 대 손 상 각 비 900,000 (대) 대손충당금 900,000
④ (차) 기타의 대손상각비 900,000 (대) 대손충당금 900,000

07 **대손과 관련된 설명이다. 잘못된 것은?**

① 대여금과 미수금에 대손상각비는 판매비와 관리비로 처리한다.
② 받을어음에 대한 대손상각비는 판매비와 관리비로 처리한다.
③ 대손발생시 이미 설정된 대손충당금 잔액이 있으면, 우선 그것으로 충당하고 부족하면, 대손상각비로 처리한다.
④ 현행회계기준에서 인정하는 대손충당금 추정방법은 재무상태표접근법이다.

08 다음 중 실지재고조사법과 계속기록법에 대한 설명 중 옳지 않는 것은?

① 실지재고조사법은 기말에 재고수량을 직접 확인하는 방법이다.
② 계속기록법은 상품의 입, 출고를 기록하여 기말재고수량을 간접적으로 파악하는 방법이다.
③ 계속기록법은 현재의 재고수준을 필요할 때마다 장부상 확인가능하다.
④ 실지재고조사법은 기중에 매출원가와 상품재고액을 언제든 파악할 수 있는 방법이다.

09 계속기록법하에서 상품 200,000원을 외상매입하는 거래를 분개할 때 옳은 것은?

① (차) 매입채무 200,000 (대) 상품 200,000
② (차) 매입 200,000 (대) 미지급금 200,000
③ (차) 매입 200,000 (대) 매입채무 200,000
④ (차) 상품 200,000 (대) 매입채무 200,000

10 다음 중 실지재고조사법하에서 상품을 70,000원 현금매입하는 거래를 분개로 나타낼 때 옳은 것은?

① (차) 현금 70,000 (대) 상품 70,000
② (차) 매입 70,000 (대) 미지급금 70,000
③ (차) 매입 70,000 (대) 현금 70,000
④ (차) 상품 70,000 (대) 현금 70,000

11 (주)서울의 기초상품재고액이 500,000원이며 당기상품매입액이 900,000원이고 기말상품재고액이 600,000원이라고 할 때 실지재고조사법에 따른 결산수정분개는?

① (차) 상　　품 30,000 (대) 매 입 900,000
　　　매출원가 600,000

② (차) 상　　품　600,000　(대) 상　품　500,000
　　　매출원가　800,000　　　매　입　900,000
③ (차) 매　　입　30,000　(대) 매출원가　30,000
④ (차) 상　　품　900,000　(대) 매출원가　900,000

12 **재고자산과 관련한 다음 설명 중 가장 옳지 않은 것은?** [전산회계1급 50회]

① 재고자산의 판매와 관련된 비용은 재고자산의 원가에 포함한다.
② 소매재고법은 실제원가가 아닌 추정에 의한 원가결정방법으로 주로 유통업에서 사용한다.
③ 재고자산의 감모손실은 주로 수량의 감소에 기인한다.
④ 재고자산의 평가손실은 시가의 하락에 기인한다.

13 **(주)서울의 20X1년 기중거래는 다음과 같다. 계속기록법과 선입선출법에 의한 20X1년 기말재고자산은 얼마인가?** [기업회계3급 24회]

구　분	월　일	수　량	단　가	합　계
기초재고	1월 1일	10개	100원	1,000원
매　입	7월 5일	200개	150원	30,000원
매　출	9월 10일	150개	300원	45,000원
매　입	11월 15일	50개	120원	6,000원

① 14,000원　② 14,500원　③ 15,000원　④ 15,500원

객관식 연습문제 해답

01 ② 주식은 단기매매금융자산외에는 투자자산(매도가능금융자산, 관계기업투자주식)에 해당하며 보험증권과 상품권도 채권적 권리가 있는 증서로 현금계정으로 처리되지 않는다.

02 ① 선일자수표는 매출채권(받을어음) 또는 미수금으로 처리한다.

03 ④ 단기매매증권으로 분류하는 경우에는 비용화한다.

04 ② (100주 × 1주당 6,000원) − (100주 × 1주당 7,000원) = 100,000원 평가이익
(차) 단기매매금융자산 100,000 (대) 단기금융자산평가이익 100,000

05 ① 200,000,000원 × 1% − (1,200,000원 + 200,000원) = 600,000원

06 ② 유형자산 처분에 따른 미수금은 기타의 대손상각비로 처리하고, 대손충당금 설정액은 (45,000,000원 × 2%) − 80,000원 = 820,000원

07 ① 외상매출금 또는 받을어음이 대손되었을 때는 판매비와 관리비로, 그 외 매출채권(미수금대여금 등)의 경우는 영업외비용으로 처리한다.

08 ④ 실지재고조사법은 기말 재고수량의 파악을 통해 기말상품과 매출원가를 파악하는 방법이다.

09 ④ 계속기록법은 상품매입시 상품계정을 바로 사용하여 기록한다. ③의 경우 실지재고조사법하의 분개이다.

10 ③ 실지재고조사법은 상품매입시 상품계정을 바로 사용하지 않고 매입계정을 사용하여 기록한다. 상품계정과 매출원가계정은 기말결산정리에 의해 나타난다.

11 ② 매출원가계정을 사용하여 기말수정분개를 하면 다음과 같다.
① 기초상품을 매출원가대체 : (차) 매출원가 500,000 (대) 상 품 500,000
② 당기매입을 매출원가대체 : (차) 매출원가 900,000 (대) 매 입 900,000
③ 매출원가중 기말상품대체 : (차) 상 품 600,000 (대) 매출원가 600,000

12 ① 판매비와 관리비로 인식한다.

13 ③ 7월 5일(60개 × 150원) + 11월 15일(50개 × 120원) = 15,000원

종합문제

01 다음은 (주)익스프레스의 20X1년도 기중거래이다. 기중분개, 결산수정분개를 통해 수정전시산표와 정산표를 작성하라.

〈기중자료〉

9월 1일 : (주)익스프레스는 현금 50,000,000원을 출자하여 영업을 개시하였다.
9월 5일 : 회사는 거래처 (주)갑을에 8,000,000원에 이사용역을 제공하고 대금은 외상으로 하다.
10월 1일 : 거래처 (주)갑을로부터 외상대금 6,000,000원을 현금으로 회수하다.
12월 1일 : 거래처 (주)갑을이 파산하여 외상대금 2,000,000원에 대해 대손이 발생하다.
12월 5일 : 단기매매증권을 10,000,000원(1,000주, 액면가 5,000원, 취득가 10,000원)에 현금취득하다.
12월 9일 : 회사는 거래처 (주)병정에 3,000,000원에 이사용역을 제공하고 대금은 외상으로 하다.

〈추가자료〉

① 기말에 (주)병정의 채권에 대한 미래현금흐름 추정치는 2,700,000원이다.
② 12월 5일 매입한 단기매매증권의 기말 공정가치는 주당 12,000원이다.

풀이

1. 기중분개 (단위 : 천원)

구 분	날 짜	기중거래	
		차 변	대 변
(1)	9월 1일		
(2)	9월 5일		
(3)	10월 1일		
(4)	12월 1일		
(5)	12월 5일		
(6)	12월 9일		

2. 총계정원장 전기 (단위 : 천원)

현금	
차변합계	대변합계

용역매출	
차변합계	대변합계

단기매매증권	
차변합계	대변합계

외상매출금	
차변합계	대변합계

대손상각비	
차변합계	대변합계

자본금	
차변합계	대변합계

3. 수정전시산표 작성

수정전시산표(잔액시산표)

(주)익스프레스 20×1년 12월 31일 (단위 : 천원)

차 변	계정과목	대 변
	합 계	

4. 결산수정분개 (단위 : 천원)

구 분	날 짜	결산수정분개	
		차 변	대 변
(1)	12월 31일		
(2)	12월 31일		

5. 10위식 정산표 작성

정 산 표

(주)익스프레스 20×1년 12월 31일 현재 (단위: 천원)

계정과목	수정전시산표		수정분개		수정후시산표		손익계산서		재무상태표	
	차변	대변	차변	대변	차변	대변	차변	대변	차변	대변
합 계										
합 계										

6. 장부의 마감

(1) 손익계산서 계정의 마감분개

구 분	손익계산서 계정의 마감분개	
	차 변	대 변
(1) 수익의 마감		
(2) 비용의 마감		
(3) 집합손익 마감		

(2) 마감분개의 전기 및 계정의 마감

현 금

차변합계	대변합계
전기이월	

용역매출

차변합계	대변합계

단기매매증권

차변합계	대변합계

외상매출금

차변합계	대변합계
전기이월	

대손상각비

차변합계	대변합계

자본금

차변합계	대변합계

대손충당금

차변합계	대변합계
	전기이월

단기매매증권평가이익

차변합계	대변합계

집합손익

차변합계	대변합계

이월시산표

(주)익스프레스 20×1년 12월 31일 현재 (단위 : 천원)

계 정 과 목	차 변	대 변
합 계		

7. 재무제표의 작성

손익계산서

(주)익스프레스 20×1년 9월 1일 ~ 20×1년 12월 31일 (단위 : 천원)

합 계	합 계

재무상태표

(주)익스프레스 20×1년 12월 31일 (단위 : 천원)

합 계	합 계

02 다음은 (주)강남의 20X1년도 기중거래이다. 기중분개, 결산수정분개를 통해 수정전시산표와 정산표를 작성하라.

〈기중자료〉

9월 1일 : (주)강남은 현금 50,000,000원을 출자하여 영업을 개시하였다.
9월 5일 : 40,000,000원(400개 @₩100,000)에 상품을 외상으로 매입하다.
10월 1일 : 상품(200개 @₩100,000)을 60,000,000원에 외상판매하다.
12월 1일 : 회사는 강남은행에서 12,000,000원을 차입하였다. 만기는 1년, 연이자율은 5%, 이자지급일은 6개월마다 지급하기로 하다.
12월 9일 : 상품에 대한 광고비로 10,000,000원을 현금으로 지급하다.

〈추가자료〉

① 재고자산은 계속기록법에 따라 회계처리하며 기초재고는 없다.
② 상품의 기말 공정가치는 상품 1개당 60,000원이다.

풀이

1. 기중분개 (단위 : 천원)

구 분	날 짜	기중거래	
		차 변	대 변
(1)	9월 1일		
(2)	9월 5일		
(3)	10월 1일		
(4)	12월 1일		
(5)	12월 9일		

2. 총계정원장 전기 (단위 : 천원)

현금

차변합계	대변합계

매출

차변합계	대변합계

상품

차변합계	대변합계

외상매출금

차변합계	대변합계

외상매입금	
차변합계	대변합계

자본금	
차변합계	대변합계

광고선전비	
차변합계	대변합계

매출원가	
차변합계	대변합계

단기차입금	
차변합계	대변합계

3. 수정전시산표 작성

수정전시산표(잔액시산표)

(주)강남　　20×1년 12월 31일　　(단위 : 천원)

차　　변	계 정 과 목	대　　변
	합　　계	

4. 결산수정분개

(단위 : 천원)

구 분	날 짜	결산수정분개	
		차　　변	대　　변
(1)	12월 31일		
(2)	12월 31일		

5. 10위식 정산표 작성

정 산 표

(주)강남 20×1년 12월 31일 현재 (단위: 천원)

계정과목	수정전시산표		수정분개		수정후시산표		손익계산서		재무상태표	
	차변	대변	차변	대변	차변	대변	차변	대변	차변	대변
합 계										
합 계										

6. 재무제표의 작성

손익계산서

(주)강남 20×1년 9월 1일 ~ 20×1년 12월 31일 (단위 : 천원)

합 계	합 계

재무상태표

(주)강남 20×1년 12월 31일 (단위 : 천원)

합 계	합 계

03 다음은 (주)서울의 20X1년도 기중거래이다. 기중분개, 결산수정분개를 통해 수정전시산표와 정산표를 작성하라.

〈기중자료〉
9월 1일 : (주)서울은 현금 50,000,000원을 출자하여 영업을 개시하였다.
9월 5일 : 40,000,000원(400개 @₩100,000)에 상품을 외상으로 매입하다.
10월 1일 : 상품(200개 @₩100,000)을 60,000,000원에 외상판매하다.
12월 1일 : 회사는 국민은행에서 12,000,000원을 차입하였다. 만기는 1년, 연이자율은 5%, 이자지급일은 6개월마다 지급하기로 하다.
12월 9일 : 상품에 대한 광고비로 10,000,000원을 현금으로 지급하다.

〈추가자료〉
① 재고자산의 수량을 파악 방법으로 실지재고조사법을 사용하고 있다. 기말 재고자산의 실사 수량은 200개이다.
② 상품의 기말 공정가치는 상품 1개당 @60,000원이다.

풀이

1. 기중분개 (단위 : 천원)

구 분	날 짜	기중거래	
		차 변	대 변
(1)	9월 1일		
(2)	9월 5일		
(3)	10월 1일		
(4)	12월 1일		
(5)	12월 9일		

2. 총계정원장 전기 (단위 : 천원)

현금

차변합계	대변합계

매출

차변합계	대변합계

매입

차변합계	대변합계

외상매출금

차변합계	대변합계

외상매입금	
차변합계	대변합계

자본금	
차변합계	대변합계

광고선전비	
차변합계	대변합계

단기차입금	
차변합계	대변합계

3. 수정전시산표 작성

수정전시산표(잔액시산표)

(주)서울 20×1년 12월 31일 (단위 : 천원)

차 변	계 정 과 목	대 변
	합 계	

4. 결산수정분개 (단위 : 천원)

구 분	날 짜	결산수정분개	
		차 변	대 변
(1)	12월 31일		
(2)	12월 31일		
(3)	12월 31일		

5. 10위식 정산표 작성

정 산 표

(주)서울 20×1년 12월 31일 현재 (단위: 천원)

계정과목	수정전시산표		수정분개		수정후시산표		손익계산서		재무상태표	
	차변	대변	차변	대변	차변	대변	차변	대변	차변	대변
합 계										
합 계										

6. 재무제표의 작성

손익계산서

(주)서울 20×1년 9월 1일 ~ 20×1년 12월 31일 (단위 : 천원)

합 계	합 계

재무상태표

(주)서울 20×1년 12월 31일 (단위 : 천원)

합 계	합 계

세금보다 CEO 연봉이 더 많아…보잉·씨티그룹 등 26개 대기업

미국의 26개 대기업이 2011년 연방정부에 낸 세금보다 최고경영자(CEO)들에게 지급한 연봉이 더 많다는 연구 결과가 나왔다.

진보적 싱크탱크인 정책연구소(IPS)가 2012년 8월 16일 발표한 보고서에 따르면 보잉, 씨티그룹, AT&T 등 기업은 지난해 자사 CEO들에게 평균 2,040만 달러의 연봉을 지급했다. IPS는 이들 26개 회사가 지난해 모두 10억 달러 이상의 순수입을 올렸지만 수익에 대해 연방정부에 세금은 거의 내지 않았거나 전혀 내지 않았다고 밝혔다.

보고서는 먼저 스톡옵션과 같이 CEO에 지급된 성과급에 세금 공제를 무제한 허용하는 조세 규정을 언급하며, 이로 인해 기업들이 CEO 성과급을 마구 올리고 있다고 강하게 비판했다. 보고서는 26개사 중 CEO 성과급을 많이 지급한 5개사는 이를 이유로 2억 3,200만 달러의 세금을 공제받았다고 지적했다. 예를 들어 2011년 한해 모두 6억 500만 달러의 세금을 환급 받은 보잉은 제임스 맥너니 회장에게 1,840만 달러의 성과급을 지급했고, 1억 4,400만 달러의 세금 특혜를 받은 씨티그룹은 비크람 팬디트 CEO에게 1,490만 달러를 지급했다고 보고서는 밝혔다.

보고서는 연구 개발비에 대한 조세 혜택과 조세피난처 이용, 감가상각비를 초기에 많이 계산하는 회계처리 방법으로 세금을 감면 받는 것에 대해서도 비판했다. 이에 대해 보잉은 납부 유예된 세금을 포함해 2011년 13억 달러의 세금이 부과됐으며 보고서가 지적한 것처럼 전부 공제받은 것은 아니라고 반박했다. 찰스 비커스 보잉 대변인은 "연구개발에 비용을 더 써 세금을 낮췄다"며 "이로써 2011년 미국에서 11,000명을 더 고용할 수 있었다"고 말했다.

출처 : 뉴욕중앙일보 기사, 2012년 8월 17일

CHAPTER 08

비유동자산

제1절 투자자산

투자자산(Long-term Investments)은 타 기업의 장기적 지배와 통제 또는 장기적 투자수익을 목적으로 취득한 자산을 일컫는다.

매도가능금융자산, 만기보유금융자산, 관계기업투자주식, 장기대여금, 장기성매출채권, 장기성금융상품, 투자부동산

1. 매도가능금융자산

매도가능금융자산은 대부분 장기보유목적이므로 공정가치 변동을 당기손익에 포함시키면 미래현금흐름을 왜곡시킬 수 있다. 따라서 매도가능금융자산에서 발생한 공정가치 변동은 당기손익으로 인식하지 않고 자본의 기타포괄손익(미실현손익)으로 처리한다.

예제 1

(주)서울은 A회사 주식과 B회사 주식을 20X1년 기중에 취득하였으며 취득원가와 공정가치의 변동은 다음과 같다. 다음의 주식은 매도가능증권으로 분류된다고 할 때 후속측정과 관련하여 회계처리를 하라.

종 목	취득원가	20X1년 공정가치	20X2년 공정가치
A사 주식	500,000	530,000	490,000
B사 주식	400,000	350,000	450,000

〈해답〉

20×1년 말 기말평가

(차) 매도가능증권(A)	30,000	(대) 매도가능증권평가이익	30,000
(차) 매도가능증권평가손실	50,000	(대) 매도가능증권(B)	50,000

20×2년 말 기말평가

(차) 매도가능증권평가이익(A)	30,000	(대) 매도가능증권(A)	40,000
매도가능증권평가손실(A)	10,000		
(차) 매도가능증권(B)	100,000	(대) 매도가능증권평가손실(B)	50,000
		매도가능증권평가이익(B)	50,000

예제 2

위의 예제를 바탕으로 (주)서울은 A회사 주식을 20X3년 초에 520,000원에 처분하였다고 할 때 회계처리를 하라.

〈해답〉

(차) 현금 520,000	(대)	매도가능증권	490,000
		매도가능증권평가손실	10,000
		매도가능증권처분이익	20,000

2. 만기보유금융자산

만기보유증권은 만기가 고정되어 있고 지급금액이 확정되었거나 결정 가능한 금융자산으로서 만기까지 보유할 적극적 의도와 능력이 있는 금융자산을 말하며 채무증권으로 분류된다.

예제 3

(주)서울은 (주)동남이 20X1년 1월 1일에 액면금액 1,000,000원(표시이자율 연 10%, 이자지급일 매년 12월 31일, 만기일 20X3년 12월 31일)의 사채를 취득하였다. 사채의 시장이자율은 12%이라고 할 때 연도별 채권의 이자수익과 채권의 회수시 회계처리를 하라(단, (주)서울이 취득한 채권은 만기보유금융자산으로 분류한다.).

〈해답〉

1. 만기보유금융자산의 취득가액 계산
   ① 원금회수액의 현재가치 = 1,000,000원 × 0.71178 (n=3, 1원의 현가계수)
   ② 이자수령액의 현재가치 = 100,000 × 2.40183 (n=3, 연금의 현가계수)
   ③ 만기보유금융자산의 취득금액 = 951,963원

〈표〉 유효이자율 상각표

일 자	유효이자	액면이자	차금상각액	채권의 장부금액
20×1년 01월 01일				951,963
20×1년 12월 31일	114,236	100,000	14,236	966,199
20×2년 12월 31일	115,944	100,000	15,944	982,143
20×3년 12월 31일	117,857	100,000	17,857	1,000,000
총 계	348,037	300,000	48,037	

2. 회계처리

〈20×1년 01월 01일〉 (차) 만기보유금융자산 951,963 (대) 사채 951,963

〈20×1년 12월 31일〉	(차) 현금	100,000	(대) 이자수익	114,236
	만기보유금융자산	14,236		
〈20×2년 12월 31일〉	(차) 현금	100,000	(대) 이자수익	115,944
	만기보유금융자산	15,944		
〈20×3년 12월 31일〉	(차) 현금	100,000	(대) 이자수익	117,857
	만기보유금융자산	17,857		
	(차) 현금	1,000,000	(대) 만기보유금융자산	1,000,000

제2절 유형자산

유형자산(Tangible Assets)은 기업의 목적 달성을 위하여 영업활동에 사용할 목적으로 장기간 보유하고 있는 영업용 또는 업무용 자산을 말한다. 토지, 건물, 구축물, 선박, 차량운반구, 공구와 기구, 비품, 건설중인 자산이 있는데 이중 토지와 건설중인 자산은 비상각 자산이다.

〈표 8-1〉 **상각여부에 따른 분류**

상각대상자산	건물, 구축물, 선박, 차량운반구, 공구와 기구, 비품 등
비상각대상자산	토지, 건설중인 자산 등

유형자산의 회계처리의 핵심은 ① 취득원가의 결정, ② 결산정리분개, ③ 자산 처분 등 세 가지이다.

1. 유형자산 취득원가의 결정

유형자산은 구입, 제작 또는 건설, 현물출자, 교환, 증여, 무상취득 등 여러 가지 형태로 취득한다. 취득원가의 결정은 취득의 유형에 따라 약간씩 다르다.

유형자산의 취득원가 = 순수구입대금 + 부대비용*

* 부대비용은 본래 의도한 용도에 적합한 상태에 이르기까지 발생한 모든 비용을 의미함.

예제 4

갑회사는 공장에 필요한 기계설비를 을회사로부터 구입하였다. 다음은 구입과 관련하여 발생한 금액이다. 구입대금은 외상으로 하였다. 갑회사의 기계설비 취득일에 분개를 하라.

기계구입액	700,000	시운전비	50,000	운송비	30,000
전문가기술료	20,000	공장내설치비	20,000		

〈해답〉

(차) 기계장치 820,000 (대) 미지급금 820,000

2. 유형자산 후속원가의 발생

유형자산의 취득 이후에 발생하는 추가적 지출을 말한다. 일반적으로 추가적 비용은 수선유지비용, 개량, 증설, 재배치 등의 비용이다. 이러한 비용을 자산으로 계상할 것인가(자본적 지출) 또는 비용으로 계상할 것인가(수익적 지출)의 문제가 자본적 지출과 수익적 지출의 문제이다.

이론적으로 지출의 효익이 미래까지 미치는 지출은 자본적 지출로 하여 자산으로 계상하고, 지출의 효익이 당기에 끝나는 지출은 수익적 지출로 하여 비용으로 계상한다.[1)]

1) 자본적 지출

당해 유형자산의 미래경제적 효익을 증가시키는 지출로서 해당 자산의 내용연수를 증가시키거나 가치를 현실적으로 증가시키는 지출로 자산으로 처리한다. 증설, 개량, 엘리베이터 설치, 냉·난방장치의 설치 등이 자본적 지출에 해당된다.

1) 한국채택국제회계기준(K-IFRS)은 자산의 장부가액에 가산하는 자본적 지출과 비용 처리하는 수익적 지출을 명시적으로 명칭을 규정하고 있지는 않고 있다.

예제 5

갑회사는 20X1년 1월 1일에 기계를 800,000원에 취득하였다. 사용하고 있던 중 20X5년째 되는 해에 현금 270,000원을 들여 대폭적인 수선을 하였다. 그 결과 내용연수는 2년 더 연장되었다. 수선비지출에 대한 분개와 20X5년말 회계처리를 하라.(단, 감가상각방법은 정액법, 내용연수 10년, 잔존가치는 50,000원)

〈해답〉

20×5년 01월 01일	(차) 기계장치	270,000	(대) 현 금	270,000
20×5년 12월 31일	(차) 감가상각비	90,000	(대) 감가상각누계액	90,000

*20×1년 ~ 20×4년 : 기계장치의 감가상각비 : (800,000원 - 50,000원) / 10년 = 75,000원
*20×5년 말 감가상각비 : (500,000원 + 270,000원 - 50,000원) / 8년 = 90,000원

2) 수익적 지출

당해 유형자산의 성능수준을 원상을 회복하거나 능률을 유지하기 위한 지출로 발생시점에 비용으로 회계처리한다. 수선, 소액의 지출 건물의 도장, 소모된 부속품이나 벨트의 교체 등이 수익적 지출에 해당된다.

예제 6

(주)서울은 20X1년 1월 1일에 기계설비의 이음새에 조임장치를 교체하기 위해 500,000원의 소액 지출이 이루어졌다. 단, 수선의 결과로 실질적인 효익의 증가는 없었다.

〈해답〉

20×1년 1월 1일 (차) 수선비 500,000 (대) 현 금 500,000

자본적 지출	수익적 지출
자산의 가치를 실질적으로 증가시키거나 내용연수 연장	자산의 원상회복이나 능률유지를 위한 경상적 지출
• 본래의 용도를 변경하기 위한 개조 • 엘리베이터 또는 냉난방 장치의 설치 빌딩에 있어서 피난시설 등의 설치 • 재해 등으로 인한 건물, 기계, 설비 등이 멸실, 훼손되어 당해 자산의 본래의 용도에 이용가치가 없는 것의 복구 • 기타 개량, 확장, 증설 등 자산의 가치를 증가시키는 것	• 건물 또는 벽의 도장 • 파손된 유리나 기와의 교체 • 기계의 소모된 부속품의 교체 • 재해를 입은 자산에 대한 외장의 복구, 도장, 유리 등의 교체
〈회계처리〉 자산의 취득원가로 계상	〈회계처리〉 수선비 등으로 당기비용 처리

3. 감가상각비

유형자산은 시간의 경과 및 사용으로 가치가 감소하므로 이러한 경제적 효익의 감소에 대한 유형자산의 원가를 내용연수에 걸쳐 체계적이고 합리적인 방법으로 배분하는 과정(취득원가의 배분)을 말한다.

1) 감가상각비의 계산요소

① 취득원가 : 유형자산의 구입가액 또는 제작가액에 이를 사용하게 되기까지의 부대비용을 가산한 금액이다.

② 내용연수 : 내용연수의 추정시는 물리적 감가, 기능적 감가가 나타날 것도 예상하여 결정하는데 일종의 자산의 사용예상연수를 의미한다.

③ 잔존가액 : 내용연수를 경과하고, 폐기되는 때의 추정처분가액에서 처분과 관련된 비용을 차감한 가액이다.

2) 감가상각비의 계산방법

① 정액법 : 유형자산의 내용연수에 걸쳐 매 회계기간 마다 균등액을 감가상각하는 방법이다.

감가상각비 = (취득원가 - 잔존가액) × 상각률

* 상각률 = 1 / 내용년수(n)

예제 7

(주)창원은 20X1년 초에 기계장치를 1,000,000원에 취득하였으며 잔존가치는 20,000원이고 내용연수는 5년으로 추정되었다. 정액법에 따라 감가상각할 때 20X1년, 20X2년 감가상각비 설정 분개와 기말장부금액을 계산하라.

〈해답〉

연 도	감가상각비	감가상각누계액	기말장부금액
20×1	196,000	196,000	804,000
20×2	196,000	392,000	608,000

20×1년 (차) 감가상각비 196,000 (대) 감가상각누계액 196,000
20×2년 (차) 감가상각비 196,000 (대) 감가상각누계액 196,000

② 정률법 : 미상각잔액에 매기 상각률을 곱하여 감가상각비를 계상하는 방법으로 자산의 취득 초기에 비용을 많이 상각하는 방법으로 일명 가속상각법이라 한다.

감가상각비 = (취득원가 – 감가상각누계액)* × 상각률**

* 미상각잔액 = 취득원가 – 감가상각누계액

** 상각률 = $1 - \sqrt[n]{\frac{잔존가치}{취득원가}}$

예제 8

(주)창원은 20X1년 초에 기계장치를 1,000,000에 취득하였으며 잔존가치는 20,000이고 내용연수는 5년으로 추정되었다. 정률법에 따라 감가상각할 때 20X1년, 20X2년 감가상각비에 대한 분개와 기말장부금액을 계산하라. 단, 감가상각률은 0.540이다.

〈해답〉

연 도	감가상각비	감가상각누계액	기말장부금액
20×1	540,000	540,000	460,000
20×2	248,400	788,400	211,600

20×1년 (차) 감가상각비 540,000 (대) 감가상각누계액 540,000
20×2년 (차) 감가상각비 248,400 (대) 감가상각누계액 248,400

〈표 8-2〉 **감가상각방법의 비교**

구 분	매기 감가상각비
정액법	(취득원가 – 잔존가치) × (1/n)
정률법	(취득원가 – 감가상각누계액) × 상각률

* n은 내용연수이다.

* 정률법의 상각률 = $1 - \sqrt[N]{\frac{잔존가치}{취득원가}}$

4. 유형자산의 처분

유형자산을 매각하거나 영구적으로 폐기하여 미래 경제적 효익이 기대하지 못할 때 장부상에서 제거한다. 처분과 관련하여 발생하는 계정과목은 유형자산처분손익(영업외손익)이 발생한다.

예제 9

20X1년 12월 31일에 장부가액이 3,000,000원(취득원가 4,000,000원, 감가상각누계액 1,000,000원)인 건물을 4,300,000원에 매각하고, 대금은 현금으로 받다.

〈해답〉	(차) 현 금	4,300,000	(대) 건 물	4,000,000
	감가상각누계액	1,000,000	유형자산처분이익	1,300,000

제3절 무형자산

무형자산(intangible Assets)은 물리적 실체가 없는 자산으로 불확실한 미래 경제적 효익이 장기간에 걸쳐 기대되는 자산이다.

산업재산권, 프랜차이즈, 라이센스, 저작권, 컴퓨터소프트웨어, 광업권, 어업권, 임차권리금, 개발비, 영업권

1. 영업권

영업권(goodwill)은 기업을 경영하는 가운데 이루어진 정상적인 수익력을 초과하는 초과수익력을 의미한다. 기업회계기준서 제1103호 '사업결합'에서 영업권은 매수취득(사업결합매수)한 영업권만 인정한다. 즉, 내부적으로 창출한 영업권은 인정하지 않는다.[2)]

영업권의 손상차손은 인식하지만 손상차손의 환입은 인정하지 않는다. 이는 금액의 신뢰성 있는 추정이 어렵기 때문이다.

2) 영업권은 기업회계기준서 제1038호 '무형자산'이 아닌 기업회계기준서 제1103호 '사업결합'에서 규정하고 있다.

영업권 = 합병 등의 대가로 지급한 금액 - 취득한 순자산의 공정가치

예제 10

갑회사는 20X1년 9월 1일에 을회사와 합병하면서 현금 60,000,000원을 지급하였다. 을회사의 20X1년 9월 1일 현재 자산의 공정가치는 90,000,000원이며 부채의 공정가치는 60,000,000원이다. 이때 영업권에 대한 회계처리를 하라.

〈해답〉 영업권 = 60,000,000원 - (90,000,000원 - 60,000,000원) = 30,000,000원

(차) 자 산	90,000,000	(대) 부 채	60,000,000
영 업 권	30,000,000	현 금	60,000,000

2. 개발비

무형자산을 창출하는 과정을 연구단계와 개발단계로 구분하며 구분할 수 없는 경우에는 모두 연구단계에서 발생한 것으로 본다. 여기서 개발단계에서 발생한 지출은 자산인식요건을 충족한 경우에만 무형자산으로 인식하며 개발비로 처리한다.[3)]

개발비란 신제품, 신기술 등의 개발과 관련하여 발생한 비용(소프트웨어 개발과 관련된 비용 포함)이다. 단, 경상개발비과목은 비용으로 인식한다.

〈표 8-3〉 개발비

구 분	내 용	회계처리
개발비	개발활동과 관련된 것으로 개발비 인식기준 충족	무형자산
경상개발비	개발활동 관련 비용으로 개발비 인식기준 미충족	제조원가, 판관비
연구비	연구활동과 관련 비용	판관비

3) 개발단계는 ① 생산이나 사용 전의 시제품과 모형을 설계, 제작, 시험하는 활동과, ② 새로운 기술과 관련된 공구, 지그, 주형, 금형 등을 설계하는 활동, ③ 상업적 생산 목적으로 실현가능한 경제규모가 아닌 시험공장을 설계, 건설, 가동하는 활동, ④ 신규 또는 개선된 재료, 장치, 제품, 공정, 시스템이나 용역에 대해 최종적으로 선정된 안을 설계, 제작, 시험하는 활동을 말한다.

예제 11

(주)서울은 신제품 개발에 따른 연구용역비 11,000,000원을 보통예금계좌에서 이체하여 지급하였다.(단, 무형자산으로 처리할 것)

〈해답〉

(차) 개발비 11,000,000 (대) 보통예금 11,000,000

3. 무형자산의 상각

무형자산은 유형자산과 마찬가지로 내용년수 동안 체계적이고 합리적인 방법으로 취득원가를 상각(amortize)해야 한다. 그러나 내용년수가 비한정적인 무형자산과 사업결합으로 취득한 영업권은 상각하지 아니한다.

무형자산의 상각은 자산이 사용가능한 때부터 시작하며, 상각방법은 정액법, 생산량비례법 또는 체감잔액법이 사용될 수 있다. 만일 합리적인 상각방법을 정할 수 없는 때는 정액법을 사용한다.

무형자산은 상각누계액을 설정하는 간접법과 상각액을 무형자산에서 직접 차감하는 직접법 중에서 후자가 일반적인 방법이다.

객관식 연습문제

01 매도가능금융자산의 회계처리에 대한 설명 중에서 틀린 것은?

① 매도가능금융자산은 지분증권 또는 채무증권의 형태를 가진다.
② 매도가능금융자산의 취득시 거래수수료는 당기비용처리한다.
③ 매도가능금융자산의 기말 공정가치의 변동액은 기타포괄손익으로 분류한다.
④ 매도가능금융자산은 채권의 상각은 유효이자율에 의한다.

02 다음 자료에 기초한 매도가능금융자산의 취득원가는 얼마인가?

- (주)경남의 주식 10주를 주당 10,000원에 취득하였다.
- (주)경남의 주식 취득시 매매수수료는 2,000원 지급하였다.
- (주)경남의 주식의 주당 액면금액은 5,000원이다.

① 105,000원 ② 102,000원 ③ 70,000원 ④ 50,000원

03 20X1년초에 매도가능금융자산으로 분류한 주식을 100,000원에 취득하였고, 기말의 공정가치 평가액은 120,000원이다. 20X2년 초에 주식을 130,000원에 처분하였다고 할 때 매도가능금융자산의 처분손익은 얼마인가?

① 30,000원 ② 20,000원 ③ 10,000원 ④ 5,000원

04 유형자산에 대한 설명으로 올바른 것은?

① 사용을 목적으로 보유하고 있는 자산
② 감가상각을 반드시 해야 한다.
③ 정상적인 영업활동에서 판매목적으로 보유하는 자산이다.
④ 유동자산 중 재고자산의 일종이다.

05 감가상각에 대한 설명으로 잘못된 것은?

① 자산의 원가를 내용연수에 걸쳐 체계적이고 합리적인 방법으로 배분하는 과정이다.
② 기술진보와 경제적 낙후성 등으로 진부화, 구식화 등은 기능적 감가의 원인이다.
③ 발생된 수익에 비용을 대응시키기 위한 것으로 비용배분의 원칙과 관련이 있다.
④ 자산가치의 감소에 따른 평가과정이다.

06 자본적 지출에 대한 설명 중 잘못된 것은?

① 개량과 관련된 지출
② 기계장치 성능을 유지시키기 위해 부품을 교체
③ 내용연수 연장을 위한 수선
④ 불량률 감소를 위해 신형부품으로 교체

07 감가상각 기본요소에 대한 설명으로 잘못된 것은?

① 감가상각대상금액은 취득원가에서 잔존가액을 차감한 금액이다.
② 추정잔존가액은 자산의 내용연수만료시 처분으로 획득되는 금액이다.
③ 내용연수는 경제적 효익이 발생하는 기간이다.
④ 생산량비례법, 정액법, 정률법은 시간을 기준으로 한 감가상각법이다.

08 자본적 지출로 처리해야만 하는 것은?

① 내용연수를 연장시키는 지출
② 능률유지를 위한 지출
③ 원상을 회복시키는 지출
④ 지출의 효과가 당해 회계기간 내에 소멸하는 지출

09 **감가상각 초기에 정액법과 정률법을 비교할 때 정률법 감가상각 회계처리로 맞는 것은?**

① 당기순이익이 크고 유형자산금액도 크게 표시된다.
② 당기순이익이 크고 유형자산금액은 적게 표시된다.
③ 당기순이익이 적고 유형자산금액은 크게 표시된다.
④ 당기순이익이 적고 유형자산금액도 적게 표시된다.

10 **기계의 취득원가가 3,000,000원이며, 잔존가치는 300,000원, 내용연수는 5년, 상각률은 20%이다. 3차년도 정률법에 의한 감가상각비는?**

① 384,000원 ② 740,000원 ③ 600,000원 ④ 540,000원

11 **다음 중 수익적 지출로 회계처리하여야 할 것으로 가장 타당한 것은?**

[전산회계1급 51회]

① 냉난방 장치 설치로 인한 비용
② 파손된 유리의 원상회복으로 인한 교체비용
③ 사용용도 변경으로 인한 비용
④ 증설 · 확장을 위한 비용

12 **부일상사는 20X1년 1월 1일 토지와 건물을 각각 아래와 같이 취득하였을 경우 20X3년 12월 31일의 감가상각비와 감가상각누계액은 각각 얼마인가?**

[전산회계2급]

- 토지취득가액 : 100,000,000원 • 건물취득가액 : 50,000,000원
- 감가상각방법은 정액법, 내용연수는 20년, 잔존가액은 0원

	감가상각비	감가상각누계액		감가상각비	감가상각누계액
①	2,500,000원	5,000,000원	②	2,500,000원	7,500,000원
③	5,000,000원	15,000,000원	④	7,500,000원	22,500,000원

13 **매장 건물에 엘리베이터를 설치하고 아래와 같이 회계 처리한 경우 발생하는 효과로 옳은 것은?** [전산회계2급 46회]

(차) 수선비 80,000,000원	(대) 보통예금 80,000,000원

① 비용의 과소계상 ② 부채의 과대계상
③ 자산의 과소계상 ④ 순이익의 과대계상

14 **20X1년 1월 1일에 건물 5,000,000원을 구입하고, 취득세 500,000원을 현금으로 지급하였다. 20X1년 12월 31일 결산시 정액법에 의한 감가상각비는 얼마인가? (단, 내용연수 10년, 잔존가액 0원, 결산 연 1회)** [전산회계2급 46회]

① 50,000원 ② 450,000원
③ 500,000원 ④ 550,000원

15 **무형자산의 상각에 대한 설명으로 잘못된 것은?**

① 유한내용연수를 가진 무형자산은 원칙적으로 잔존가치가 없는 것으로 본다.
② 상각방법은 정액법과 정률법, 생산량비례법 등이 인정된다.
③ 사업결합으로 취득한 영업권은 20년 이내의 기간에 걸쳐 상각한다.
④ 무형자산 상각액은 당해 자산에서 직접 차감하여 기재할 수 있다.

16 **다음의 보기에서 무형자산인 개발비에 포함되는 것은?**

① 매월 지급되는 경상적인 연구개발비용
② 기초연구를 위해 지급되는 개발비용
③ 응용연구를 위해 지급되는 개발비용
④ 소프트웨어 개발비

17 **다음 중 재무제표에 무형자산으로 보고할 수 있는 것은 ?**

① 연구단계에서 발생한 지출
② 유상으로 취득한 특허권
③ 개발단계에서 발생한 지출 중 경상개발비
④ 내부적으로 창출된 브랜드

객관식 연습문제 해답

01 ② 매도가능금융자산의 취득시 거래수수료는 당기비용으로 처리하지 않고 취득원가에 합산한다.

02 ② 취득원가 + 취득시 수수료 = 100,000원 + 2,000원 = 102,000원

03 ① 처분가액 − 취득원가 = 130,000원 − 100,000원 = 30,000원

04 ① 토지같은 비상각자산은 감가상각을 하지 않는다. ③은 재고자산에 대한 설명이다. 유형자산은 영업활동에 사용중인 자산으로 장기적 보유자산이므로 고정자산에 속한다.

05 ④ 감가상각은 가득한 수익에 관련비용을 대응시키기 위한 합리적인 원가 배분과정이다. 사용에 따른 손상, 마멸, 오손과 시간경과로 인한 감모, 부패와 취급부주의 등으로 인한 파손 등은 물리적 감가의 원인이다.

06 ② 자본적 지출이란 취득 후 유형자산의 미래 효익을 증가시키는 지출을 말하며, 지출효과가 장기간 지속되고 자산의 경제적효익을 증가시키고 금액이 상대적으로 중요하다는 등의 요건이 있으며 자산으로 회계 처리한다. 수익적지출이란 유형자산의 원상회복 및 성능유지를 위한 지출로 발생기간의 비용으로 인식한다.

07 ④ 생산량비례법은 주로 감모자산 상각시 활용하는 것으로 생산량기준에 따른 감가상각법이다.

08 ① 보기의 ②, ③, ④는 수익적 지출로 처리한다.

09 ④ 정률법에 비해 정액법은 상각초기에 감가상각액이 적다. 따라서 유형자산의 잔액도 정율법을 기준으로 했을 때보다 더 많게 된다. 결국, 정률법에 비해 비용이 적게 계상되어 당기순이익도 크고, 유형자산금액도 크게 표시된다.

10 ① 정률법에 의한 매기 상각액=(취득원가 − 감가상각누계액) × 상각률이다. 정률법에 의한 감가상각시에는 잔존가치가 전혀 고려되지 않는다.

제 1 차년도 감가상각비 : 3,000,000원 × 0.2 = 600,000원
제 2 차년도 감가상각비 : (3,000,000원 − 600,000원) × 0.2 = 480,000원
제 3 차년도 감가상각비 : (3,000,000원 1,080,000원) × 0.2 = 384,000원

11 ②, ②는 수익적 지출, ①,③,④는 자본적 지출에 해당한다.

12 ② 20×1년 감가상각비 : 50,000,000원/20년 = 2,500,000원
20×2년 감가상각비 : 50,000,000원/20년 = 2,500,000원
20×3년 감가상각비 : 50,000,000원/20년 = 2,500,000원
20×3년 감가상각누계액 : 2,500,000원 + 2,500,000원 + 2,500,000원 = 7,500,000원

13 ③ 자본적 지출을 수익적 지출로 회계 처리하여 비용이 과대 계상되고 자산이 과소 계상됨.

14 ④ (5,000,000원 + 500,000원) / 10년 = 550,000원

15 ③ 사업결합으로 취득한 영업권은 상각하지 않는다. 즉, 영업권에 대하여 상각회계 대신 손상차손회계를 적용하도록 하고 있다.

16 ④, ①은 경상개발비계정에, ②와 ③은 연구개발비계정에 속하며, 모두 판매비 및 관리비항목이다.

17 ② 유상으로 취득한 특허권만이 무형자산이다.

종합문제

01 다음은 (주)경남마트의 20X1년 기중거래이다. 기중분개, 결산수정분개를 통해 수정전시산표와 정산표를 작성하라.

〈기중자료〉
1월 1일 : (주)경남마트는 현금 50,000,000원을 출자하여 영업을 개시하였다.
2월 1일 : 취득원가가 10,000,000원이고 내용연수가 3년, 잔존가치가 1,000,000원인 비품을 외상으로 취득하였다. 단, 감가상각방법은 정액법에 의한다.
4월 1일 : 4,000,000원(400개 @₩10,000)에 상품을 외상으로 매입하다.
5월 1일 : 상품(200개 @₩10,000)을 6,000,000원에 외상판매하다.
8월 1일 : 화재보험에 가입하여 보험료 1년분 1,200,000원을 현금으로 지급하다.

〈추가자료〉
① 재고자산은 계속기록법에 따라 회계처리하며 기초재고는 없다.
② 보험료, 감가상각비(2,750,000원)에 대한 결산분개를 하라.

풀이

1. 기중분개 (단위 : 천원)

구 분	날 짜	기 중 거 래	
		차 변	대 변
(1)	1월 1일		
(2)	2월 1일		
(3)	4월 1일		
(4)	5월 1일		
(5)	8월 1일		

2. 총계정원장 전기 (단위 : 천원)

현금

차변합계	대변합계

매출

차변합계	대변합계

상품

차변합계	대변합계

외상매출금

차변합계	대변합계

비품

차변합계	대변합계

자본금

차변합계	대변합계

외상매입금

차변합계	대변합계

미지급금

차변합계	대변합계

보험료

현금 1,200	
차변합계	대변합계

매출원가

상품 2,000	
차변합계	대변합계

3. 수정전시산표 작성

수정전시산표(잔액시산표)

(주)경남마트 20×1년 12월 31일 (단위 : 천원)

차 변	계 정 과 목	대 변
	합 계	

4. 결산수정분개

(단위 : 천원)

구 분	날 짜	결산수정분개	
		차　　변	대　　변
(6)	12월 31일		
(7)	12월 31일		

5. 10위식 정산표 작성

정 산 표

(주)경남마트　　　20×1년 12월 31일　　　(단위 : 천원)

계정과목	수정전시산표		수정분개		수정후시산표		손익계산서		재무상태표	
	차변	대변	차변	대변	차변	대변	차변	대변	차변	대변
합　계										
합　계										

6. 장부의 마감

(1) 손익계산서 계정의 마감분개

구　분	손익계산서 계정의 마감분개	
	차　　변	대　　변
(1) 수익의 마감		
(2) 비용의 마감		
(3) 집합손익 마감		

(2) 마감분개의 전기 및 계정의 마감 (단위 : 천원)

현금

자본금	50,000	보험료	1,200
차변합계		대변합계	
전기이월			

매출

		외상매출금	6,000
차변합계		대변합계	

상품

외상매입금	4,000	매출원가	2,000
차변합계		대변합계	
전기이월			

외상매출금

매출	6,000		
차변합계		대변합계	
전기이월			

비품

미지급금	10,000		
차변합계		대변합계	

단기매매증권

현금	10,000		
차변합계		대변합계	

외상매입금

		상품	4,000
차변합계		대변합계	

미지급금

		비품	10,000
차변합계		대변합계	

보험료

현금	1,200		
차변합계		대변합계	

매출원가

상품	2,000		
차변합계		대변합계	

자본금

		현금	50,000
차변합계		대변합계	
		전기이월	

선급보험료

차변합계		대변합계	
전기이월			

감가상각비

차변합계		대변합계	

감가상각누계액

차변합계		대변합계	

집합손익 (단위 : 천원)

차변합계	대변합계

이월시산표

(주)경남마트 20×1년 12월 31일 현재 (단위 : 천원)

계 정 과 목	차 변	대 변
합 계		

7. 재무제표의 작성

손익계산서

(주)경남마트 20×1년 1월 1일 ~ 20×1년 12월 31일 (단위 : 천원)

합 계		합 계	

재무상태표

(주)경남마트 20×1년 12월 31일 (단위 : 천원)

합 계		합 계	

02 다음은 (주)경남의 20X1년도 기중거래이다. 기중분개, 결산수정분개를 통해 수정전시산표와 정산표를 작성하라.

〈기중자료〉

1월 1일 : (주)경남은 현금 50,000,000원을 출자하여 영업을 개시하였다.
2월 1일 : 취득원가가 10,000,000원이고 내용연수가 3년, 잔존가치가 1,000,000원인 기계장치를 외상으로 취득하였다. 단, 감가상각방법은 정액법에 의한다.
4월 1일 : 40,000,000원(400개 @₩100,000)에 상품을 외상으로 매입하다.
5월 1일 : 상품(200개 @₩100,000)을 60,000,000원(200개 @₩300,000)에 외상 판매하다.
8월 1일 : 회사는 경남은행에서 12,000,000원을 차입하였다. 만기는 1년, 연이자율은 5%, 이자 지급일은 6개월마다 지급하기로 하다.
10월 1일 : 상품에 대한 광고비로 10,000,000원을 현금으로 지급하다.
11월 1일 : 회사는 장기투자목적으로 (주)갑회사의 100주를 주당 100,000원에 취득하였다.

〈추가자료〉

① 재고자산의 수량을 파악 방법으로 계속기록법을 사용하고 있다.
② 11월 1일 취득한 (주)갑회사 주식의 주당 공정가치는 120,000원이다.
③ 상품의 기말공정가치는 상품 1개당 60,000원이다.

풀이

1. 기중분개 (단위 : 천원)

구 분	날 짜	기중거래	
		차 변	대 변
(1)	1월 1일		
(2)	2월 1일		
(3)	4월 1일		
(4)	5월 1일		
(5)	8월 1일		
(6)	10월 1일		
(7)	11월 1일		

2. 총계정원장 전기 (단위 : 천원)

현금

차변합계	대변합계

매출

차변합계	대변합계

상품

차변합계	대변합계

외상매출금

차변합계	대변합계

기계장치

차변합계	대변합계

자본금

차변합계	대변합계

외상매입금

차변합계	대변합계

미지급금

차변합계	대변합계

광고선전비

차변합계	대변합계

단기차입금

차변합계	대변합계

매출원가

차변합계	대변합계

매도가능증권

차변합계	대변합계

3. 수정전시산표 작성

수정전시산표(잔액시산표)

(주)경남 20×1년 12월 31일 (단위 : 원)

차 변	계 정 과 목	대 변
	합 계	

4. 결산수정분개 (단위 : 천원)

구 분	날 짜	결산수정분개	
		차 변	대 변
(6)	12월 31일		
(7)	12월 31일		
(8)	12월 31일		
(9)	12월 31일		

5. 10위식 정산표 작성

정 산 표

(주)경남 20×1년 12월 31일 현재 (단위 : 천원)

계정과목	수정전시산표		수정분개		수정후시산표		손익계산서		재무상태표	
	차변	대변	차변	대변	차변	대변	차변	대변	차변	대변

계정과목	수정전시산표		수정분개		수정후시산표		손익계산서		재무상태표	
	차변	대변	차변	대변	차변	대변	차변	대변	차변	대변
합 계										
합 계										

6. 재무제표의 작성

포괄손익계산서

(주)경남 20×1년 1월 1일 ~ 20×1년 12월 31일 (단위 : 천원)

계 정 과 목	금 액

재무상태표

(주)경남 20×1년 12월 31일 (단위 : 천원)

합 계	합 계

03 다음은 (주)경남의 20X1년도 기중거래이다. 기중분개, 결산수정분개를 통해 수정전시산표와 정산표를 작성하라.

〈기중자료〉

12월 1일 : (주)경남은 현금 500,000,000원을 출자하여 영업을 개시하였다.
12월 2일 : (주)경남은 건물을 300,000,000원에 현금매입하였다(단, 감각상각방법은 정액법이며 내용연수는 20년, 잔존가치는 60,000,000원이다).
12월 2일 : 회사는 경남은행에서 60,000,000원을 차입하였다. 만기는 1년, 연이자율은 5%이다.
12월 3일 : 기계장치를 100,000,000원에 외상으로 취득하였다(단, 감가상각방법은 정액법, 내용연수가 3년, 잔존가치가 10,000,000원이다).
12월 4일 : 원재료(400개 @₩50,000)를 현금으로 매입하다.
12월 10일 : 당기에 생산한 제품에 대한 판촉비 10,000,000원을 현금으로 지급하다.
12월 30일 : 당월에 발생한 급여(생산직 사원 10,000,000원, 본사 직원 7,000,000원)는 다음 달 15일에 지급하기로 하였다.
12월 30일 : 당월에 발생한 전기료 등의 공과금(공장 8,000,000원, 본사 3,000,000원)은 다음달 15일에 납부하기로 하였다.
12월 31일 : 제품(360개 @₩200,000)을 72,000,000원에 외상판매하다.

〈추가자료〉

① 재고자산의 수량을 파악 방법으로 계속기록법을 사용하고 있다.
② 장부상 기말 원재료와 기말재공품은 없으며 당기제품수량은 400개이며, 기말제품은 40개이다.

풀이

1. 기중분개 (단위 : 천원)

구 분	날 짜	기중거래	
		차 변	대 변
(1)			
(2)			
(3)			
(4)			
(5)			
(6)			
(7)			
(8)			
(9)			

2. 제조원가 분개 (단위 : 천원)

구 분	날짜	기 중 거 래	
		차 변	대 변
(1)			
(2)			
(3)			
(4)			
(5)			

3. 총계정원장 전기 (단위 : 천원)

현금

차변합계	대변합계

자본금

차변합계	대변합계

원재료

차변합계	대변합계

제품

차변합계 38,000	대변합계 38,000

건물

차변합계	대변합계

기계장치

차변합계	대변합계

외상매출금

차변합계	대변합계

단기차입금

차변합계	대변합계

미지급금

차변합계	대변합계

미지급금임금

차변합계	대변합계

미지급급여	
차변합계	대변합계

미지급전력비	
차변합계	대변합계

미지급수도광열비	
차변합계	대변합계

매출원가	
차변합계	대변합계

급여(사무직)	
차변합계	대변합계

수도광열비(본사)	
차변합계	대변합계

매출	
차변합계	대변합계

광고선전비	
차변합계	대변합계

〈참고〉 제조원가 관련 분개의 원장전기

임금(생산직)	
차변합계	대변합계

전력비(공장)	
차변합계	대변합계

직접재료원가	
차변합계	대변합계

직접노무원가	
차변합계	대변합계

제조간접원가	
차변합계	대변합계

재공품	
차변합계	대변합계

3. 결산수정분개 (단위 : 천원)

구 분	날 짜	결 산 수 정 분 개	
		차 변	대 변
(1)			
(2)			
(3)			

4. 결산수정분개 원장전기

감가상각비

차변합계	대변합계

건물감가상각누계액

차변합계	대변합계

이자비용

차변합계	대변합계

미지급이자비용

차변합계	대변합계

5. 10위식 정산표 작성

정 산 표

(주)경남 20×1년 12월 31일 현재 (단위 : 천원)

계정과목	수정전시산표		수정분개		수정후시산표		손익계산서		재무상태표	
	차변	대변	차변	대변	차변	대변	차변	대변	차변	대변

계정과목	수정전시산표		수정분개		수정후시산표		손익계산서		재무상태표	
	차변	대변	차변	대변	차변	대변	차변	대변	차변	대변
합 계										
합 계										

6. 재무제표의 작성

포괄손익계산서

(주)경남 20×1년 1월 1일 ~ 20×1년 12월 31일 (단위 : 천원)

계 정 과 목	금 액

재무상태표

(주)경남 20×1년 12월 31일 (단위 : 천원)

합 계		합 계	

CHAPTER 09

부채와 자본

제1절 • 부채

제2절 • 자본

제1절 부채

1. 유동부채

재무상태표일(보고기간 종료일) 후부터 1년 이내에 결제되거나, 정상영업주기 이내에 결제될 것으로 예상되는 부채를 유동부채로 분류한다.

매입채무(외상매입금·지급어음), 단기차입금, 미지급금, 미지급비용, 미지급법인세, 선수금, 선수수익, 예수금, 유동성장기부채

1) 매입채무

매입채무는 상품을 매입하면서 현금을 미래에 지급하기로 한 의무이다. 일반적 상거래[1)]에서 발생한 구두약속에 의한 외상매입금과 어음을 발행하여 지급을 약속한 지급어음이 여기에 속한다.

(1) 외상매입금

외상매입금은 일반적 상거래(주된 영업활동 거래)에서 발생한 채무로써 재무상태표일로부터 1년 이내에 지급해야할 금액이다.

(2) 지급어음

지급어음은 일반적 상거래에서 발생한 어음상의 의무로써 지급기일이 재무상태표일로부터 1년 이내에 도래하는 어음이다.

1) 일반적인 상거래라 함은 당해 회사의 사업목적을 위한 경상적인 영업활동에서 발생하는 거래를 말한다.

2. 비유동부채

재무상태표일(보고기간 종료일) 후부터 1년 이후에 결제될 것으로 예상되는 부채로 유동부채가 아닌 것을 비유동부채로 분류한다.

사채, 장기차입금, 제품보증충당부채, 복구충당부채, 전환사채, 신주인수권부사채, 이연법인세부채, 임대보증금, 장기매입채무, 장기미지급금

1) 사 채

사채란 주식회사가 장기자금을 조달하기 위하여 계약에 따라 일정한 이자를 지급하며 일정한 시기에 원금을 상환할 것을 계약하고 차입한 채무를 말한다. 사채의 발행가액은 액면이자율과 시장이자율의 차이에 의해 액면발행, 할인발행, 할증발행이 결정된다.

〈표 9-1〉 **사채발행 형태**

발행형태	금 액 관 계	이 자 율	상 각 액
액면발행	액면가액 = 발행가액	표시이자율 = 유효이자율	-
할인발행	액면가액 > 발행가액	표시이자율 < 유효이자율	사채할인발행차금
할증발행	액면가액 < 발행가액	표시이자율 > 유효이자율	사채할증발행차금

* 사채할인발행차금 : 사채의 차감적 평가계정
(사채발행시 차감, 유효이자율법 상각시 장부가액에 가산)
* 사채할증발행차금 : 사채의 가산적 평가계정
(사채발행시 가산, 유효이자율법 상각시 장부가액에 차감)

(1) 발행가액의 결정

사채의 발행가액은 사채에서 발생하는 미래현금흐름(원금과 이자지급)을 사채발행일 현재 유효이자율로 할인한 현재가치로 계산한다.

사채의 발행가액 = 이자지급액 × (r, n, 연금현가계수) + 원금상환액 × (r, n, 1원의 현가계수)

$$사채의\ 발행가액 = \frac{I}{(1+r)^1} + \frac{I}{(1+r)^2} + \frac{I}{(1+r)^3} + \cdots\cdots + \frac{I+P}{(1+r)^n}$$

I = 이자지급액 P = 원금상환액

r = 유효이자율 n = 사채의 기간

예제 1

(주)서울은 20X1년 1월 1일에 액면금액 1,000,000원(표시이자율 연 10%, 이자지급일 매년 12월 31일, 만기일 20X3년 12월 31일)의 사채를 발행하였다.
조건 : ① 시장이자율이 12%인 경우 ② 시장이자율이 10%인 경우 ③ 시장이자율이 8%인 경우 각각 사채의 발행가액을 계산하고 사채발행일의 회계처리를 하라.

〈해답〉
1. 사채의 시장이자율이 12%인 경우(할인발행)
원금상환액의 현재가치 = 1,000,000원 × 0.71178 (n=3, 1원의 현가계수) = 711,780원
이자지급액의 현재가치 = 100,000원 × 2.40183 (n=3, 연금의 현가계수) = 240,183원
사채의 발행가액 = 951,963원

(차) 현 금	951,963	(대) 사 채	1,000,000
사채할인발행차금	48,037		

2. 사채의 시장이자율이 10%인 경우(액면발행)
원금상환액의 현재가치 = 1,000,000원 × 0.75131 (n=3, 1원의 현가계수) = 751,310원
이자지급액의 현재가치 = 100,000원 × 2.48685 (n=3, 연금의 현가계수) = 248,690원
사채의 발행가액 = 1,000,000원

(차) 현 금	1,000,000	(대) 사 채	1,000,000

3. 사채의 시장이자율이 8%인 경우(할증발행)
원금상환액의 현재가치 = 1,000,000원 × 0.79383 (n=3, 1원의 현가계수) = 793,830원
이자지급액의 현재가치 = 100,000원 × 2.57710 (n=3, 연금의 현가계수) = 257,710원
사채의 발행가액 = 1,051,540원

(차) 현 금	1,051,540	(대) 사 채	1,000,000
		사채할증발행차금	51,540

(2) 사채발행기간 중의 회계처리

사채의 이자비용은 사채의 표시이자율에 따라 지급되며 이때 사채할인(할증)발행차금을 동시에 상각(환입)하여 사채이자에 가감한다. 사채할인(할증)발행차금은 사채발행

시부터 최종상환시까지 기간에 유효이자율법을 적용하여 상각 또는 환입하여 사채이자에 가감하며 사채의 장부가액에 가산(차감)된다.

> 이자비용(유효이자) = 사채의 기초장부금액 × 유효이자율
>
> 사채 장부금액 조정액 = 이자비용(유효이자) - 표시이자

예제 2

(주)서울은 20X1년 1월 1일에 액면금액 1,000,000원(표시이자율 연 10%, 이자지급일 매년 12월 31일, 만기일 20X1년 12월 31일)의 사채를 발행하였다. 사채의 시장이자율은 12%이라고 할 때 연도별 사채이자비용, 만기상환시 회계처리를 하라.

〈해답〉

1. 사채의 발행가액 계산

원금상환액의 현재가치 = 1,000,000원 × 0.71178 (n=3, 1원의 현가계수) = 711,780원
이자지급액의 현재가치 = 100,000원 × 2.40183 (n=3, 연금의 현가계수) = 240,183원
사채의 발행가액 = 951,963원

〈표〉 유효이자율 상각표[2)]

일 자	유효이자	표시이자	차금상각액	장부금액
20×1년 01월 01일				951,963
20×1년 12월 31일	114,236	100,000	14,236	966,199
20×2년 12월 31일	115,944	100,000	15,944	982,143
20×3년 12월 31일	117,857	100,000	17,857	1,000,000
총 계	348,037	300,000	48,037	

일자	차변	금액	대변	금액
〈20×1년 01월 01일〉	(차) 현 금	951,963	(대) 사 채	1,000,000
	사채할인발행차금	48,037		
〈20×1년 12월 31일〉	(차) 이자비용	114,236	(대) 현 금	100,000
			사채할인발행차금	14,236
〈20×2년 12년 31일〉	(차) 이자비용	115,944	(대) 현 금	100,000
			사채할인발행차금	15,944
〈20×3년 12년 31일〉	(차) 이자비용	117,857	(대) 현 금	100,000
			사채할인발행차금	11,857
	(차) 사 채	1,000,000	(대) 현 금	1,000,000

---

2) 유효이자는 실질이자비용의 성격으로 사채발행자가 부담해야할 총이자비용이다. 여기서 표시이자는 사채액면에 보장된 이자율로서 사채액면금액 × 표시이자율로 계산된 금액이다. 총이자비용(유효이자)에서 표시이자(액면이자)를 지급하고 남은 금액은 미지급한 비용으로 매년도별 사채장부가액에 합산하여 상환시에 상환가액으로 지급된다.

(3) 사채의 상환

사채의 만기시점에 상환가액은 액면가액이 되며 미상각사채할인(할증)발행차금은 존재하지 않는다. 따라서 상환가액과 액면가액이 동일하여 사채상환손익 발생하지 않는다. 그러나 만기일 이전에 조기상환하면 상환 시 사채의 장부금액과 상환금액이 달라져 사채상환손익이 발생한다.

예제 3

(주)서울은 20X1년 1월 1일에 액면금액 1,000,000원(표시이자율 연 10%, 이자지급일 매년 12월 31일, 만기일 20X3년 12월 31일)의 사채를 발행하였다. 사채의 시장이자율은 12%이라고 한다. 사채를 20X2년 초에 상환가액 980,000원에 전액 상환할 경우 회계처리를 하라.

〈해답〉

1. 사채의 발행가액 계산
   원금상환액의 현재가치 = 1,000,000원 × 0.71178 (n=3, 1원의 현가계수) = 711,780원
   이자지급액의 현재가치 = 100,000원 × 2.40183 (n=3, 연금의 현가계수) = 240,183원
   사채의 발행가액 = 951,963원

〈표〉 유효이자율 상각표

일 자	유효이자	표시이자	차금상각액	장부금액
20×1년 01년 01일				951,963
20×1년 12월 31일	114,236	100,000	14,236	966,199
20×2년 12월 31일	115,944	100,000	15,944	982,143
20×3년 12월 31일	117,857	100,000	17,857	1,000,000
총 계	348,037	300,000	48,037	

〈20×1년 01월 01일〉 (차) 현　　금 951,963　(대) 사　채 1,000,000
사채할인발행차금 48,037

2. 980,000원에 조기상환
   〈20×2년 1월 1일〉 (차) 사채 1,000,000　(대) 사채할인발행차금 33,801
   사채상환손실 13,801　현　금 980,000

2) 충당부채

부채인식의 요건은 과거사건의 결과로 현재 기업실체가 부담하고 있고 미래에 자원의 유출 또는 사용이 예상되는 의무이다. 하지만 부채 인식에는 현재 시점에서 누구

에게 언제 지급해야 할지 확정할 필요는 없다. 회계에서는 지출시기와 금액이 확정되지 않은 부채를 충당부채(provision)라 한다. 충당부채를 인식하기 위해서는 과거 사건으로 인한 의무가 미래행위와 독립적이어야 한다.

(1) 충당부채의 인식과 측정기준의 적용

충당부채는 ① 과거사건이나 거래의 결과에 의한 현재의무로서, ② 지출의 시기 또는 금액이 불확실하지만 그 의무를 이행하기 위해 자원이 유출될 가능성이 높고(확률적 발생확률이 50% 초과), ③ 당해 금액의 신뢰성 있는 추정이 가능한 의무이다.

(2) 충당부채의 종류

충당부채는 ① 판매 후 품질보증과 관련된 제품보증충당부채, ② 판매촉진 위해 환불정책과 관련된 반품보증충당부채, ③ 원자력발전소, 해상구조물, 쓰레기매립장 등 환경보전을 위해 원상회복과 관련된 복구충당부채 등이 있다.

① 제품보증충당부채

제품의 보증(product warranty)은 제품판매한 이후 품질, 수량, 성능의 결함에 따른 무상수리, 제품교환을 말한다. 제품보증은 제품의 판매와 동시에 자동적, 자발적으로 제공된다. 제품보증약정을 하고 제품을 판매한 경우는 보증에 대한 의무발생가능성이 높으므로 자원의 유출가능성이 높고, 금액의 신뢰성 있는 추정이 가능하므로 충당부채인식요건을 충족한다.

제품보증에 관한 회계처리는 일반적으로 제품판매 대금 전액을 판매수익으로 인식하고 추정된 보증비용을 비용으로 인식하는 보증비용인식법(warranty expense approach)이 있다.

구 분	차 변		대 변	
판매시점	매출채권	×××	매출	×××
보증비지출	제품보증비	×××	현금	×××
결산시점	제품보증비	×××	제품보증충당부채	×××
보증비지출	제품보증충당부채	×××	현금	×××

예제 4

창원상사는 20X1년 제품을 판매한 후 향후 3년간 발생할 사후 서비스에 필요한 금액 5,000,000원을 제품보증충당부채로 설정하였다. 20X2년 중에 보증서비스 제공에 따른 비용을 500,000원을 지출하였다.

〈해답〉

20×1년	(차) 제품보증비	5,000,000	(대) 제품보증충당부채	5,000,000
20×2년	(차) 제품보증충당부채	500,000	(대) 현 금	500,000

제2절 자본

〈표 9-2〉 자본의 분류

대분류	소분류	상 세 계 정
자본	납입 자본	자본금 : 보통주자본금, 우선주자본금
		자본잉여금 : 주식발행초과금, 자기주식처분이익, 감자차익 등
	기타 자본구성요소	자본조정항목 : 자기주식, 감자차손, 주식할인발행차금, 자기주식처분손실
		기타포괄손익누계액 : 기타포괄손익인식금융자산평가손익, 재평가잉여금 등
	이익잉여금	이익잉여금 : 이익준비금, 법정적립금, 임의적립금, 미처분이익잉여금 등

1. 자본금

주식회사는 기업의 경영활동에 장기간 사용할 자금을 조달하기 위해 주식을 발행한다.

기업회계기준상 자본금계정은 주주의 불입자본 중 상법의 규정에 따라 수권자본[3)]

3) 수권자본이란 권한을 부여받은 자본의 뜻으로 이사회가 주주로부터 신주발행 권한을 부여받았다는 뜻이다. 신주발행(유상증자)은 주주총회 대신에 이사회의 의결만으로 일정한 한도 내에서 신주를 발행할 수

의 범위 내에서 이사회의 의결로 발행된 주식의 액면가액으로 회사의 정관에 자본금으로 확정되어 있는 법정자본금을 의미한다. 자본금은 [액면가액 × 발생주식수]로 계산한 금액이다. 주식의 발행형태에 따라 액면발행, 할증발행(주식발행초과금), 할인발행(주식할인발행차금)이 있다.

1) 보통주자본금

보통주(common stock)는 기본적인 소유권을 가진 주식으로 우선주에 비해 특별한 권리는 없다.

2) 우선주자본금

우선주(preferred stock)[4]는 배당 또는 잔여재산 분배 등에서 우선권이 있는 주식이다. 특히 한국채택국제회계기준은 상환우선주의 회계처리에서 주의할 점은 ① 발행기업이 의무적으로 상환해야 하는 계약상 의무를 부담하거나, ② 보유자가 상환을 청구할 수 있는 권리를 보유한다면 자본금이 아니라 금융부채로 분류한다. 이때 상환우선주의 배당은 손익계산서상 비용으로 표시한다.

〈표 9-3〉 자본금의 회계처리

구 분	내 용
자본금	자본금 = 발행주식수 × 1주당 액면금액
주식의 발행	① 액면발행 : (차) 현 금 ××× (대) 자본금 ×××
	② 할증발행 : (차) 현 금 ××× (대) 자본금 ××× 주식발행초과금 ×××
	③ 할인발행 : (차) 현 금 ××× (대) 자본금 ××× 주식할인발행차금 ×××
신주발행비	① 회계처리시 발행가액에서 차감 ② 할증발행시 주식발행초과금을 차감시키는 영향 ③ 할인발행시 주식할인발행차금을 가산시키는 영향

있도록 규정되어 있다. 여기서 수권자본 금액 한도는 주주총회의 의결사항으로 회사의 정관에 기재된다.

4) 상환우선주는 일반기업회계기준에서는 불입자본금으로 분류되지만 K-IFRS에서는 계약에 따라 부채계정 또는 자본계정에 분류한다.

2. 자본잉여금

자본잉여금은 증자활동, 감자활동 및 자본과 관련된 자본거래에서 발생한 잉여금으로 영업활동과 관련하여 발생한 이익잉여금과 구별된다. 자본잉여금의 종류는 주식발행초과금, 감자차익, 자기주식처분이익 등이 있다.

1) 주식발행초과금

주식발행초과금(premium on stock)은 경영성적이 우수하고, 장래성이 있는 주식회사에서 증자를 위한 주식을 발행할 때 액면금액을 초과하여 주식을 발행한 경우 액면금액을 초과한 금액을 주식발행초과금이라 한다.

예제 5

(주)서울은 20X1년 1월 1일에 액면가액 5,000원인 보통주 200주를 주당 9,000원에 발행하였다. 주식발행과 관련하여 (주)서울의 분개를 하라.

〈해답〉

20×1년 1월 1일	(차) 현 금	1,800,000	(대) 자 본 금	1,000,000
			주식발행초과금	800,000

3. 자본조정

자본전체에 가산하거나, 차감할 임시적인 조정항목으로 주식할인발행차금, 배당건설이자, 자기주식, 감자차손, 자기주식처분손실, 해외사업환산대(차), 매도가능증권의 평가손익 등이 기업회계기준에서 규정하고 있는 예이다[5].

---

5) 자본조정은 자본차감계정은 주식할인발행차금, 배당건설이자, 자기주식이며 자본가산항목은 미교부주식배당금 등이 있다.

〈표 9-4〉 자본조정의 분류

분 류	상 세 계 정	
자본조정	가산계정 (대변계정)	미교부주식배당금, 신주청약증거금, 전환권대가, 신주인수권대가, 주식결제형지분상품(주식선택권 등)
	차감계정 (차변계정)	자기주식, 주식할인발행차금, 감자차손, 자기주식처분손실, 배당건설이자

1) 주식할인발행차금

주식할인발행차금(discount on stock)은 주식발행시 주식을 액면가액 이하로 발행하는 경우 액면금액에서 발행가액을 차감한 금액이다.

예제 6

(주)서울은 20X1년 1월 1일에 액면가액 5,000원인 보통주 200주를 주당 4,000원에 발행하였다. 주식발행과 관련하여 (주)서울의 분개를 하라.

〈해답〉

20×1년 1월 1일	(차) 현 금	800,000	(대) 자 본 금	1,000,000
	주식할인발행차금	200,000		

4. 기타포괄손익누계액

회사와 주주간의 자본거래가 아닌 원천에서 발생한 자본의 증감으로서, 손익계산서에 계상되지 않은 손익(기타포괄손익)의 누적액을 말한다. 예를 들면 매도가능증권평가손익, 유형자산 재평가잉여금이 있으며 현금흐름위험회피 파생상품평가손익, 해외사업장의 환산과정에서의 외환차이 등이 기타포괄손익(cumulative other comprehensive income)에 속하지만 중급회계와 고급회계에서 다룬다.

1) 매도가능증권평가이익(또는 매도가능증권평가손실)

매도가능증권을 기말에 공정가액으로 평가함에 따라 발생하는 평가손익은 미실현손익으로 기타포괄손익으로 분류한다.

미실현손익인 매도가능권권의 평가손익은 해당 증권의 손상 또는 처분시 실현손익(손상차손, 매도가능증권처분손익)으로 대체된다.

2) 유형자산재평가잉여금

유형자산은 원가법과 재평가를 선택 적용할 수 있다. 유형자산재평가에서 첫째, 최초 재평가시 평가증(장부가액<공정가치)의 경우 재평가잉여금(기타포괄손익)으로 기록하고, 이후 재평가손 평가증의 경우 추가로 재평가잉여금으로 기록, 재평가감의 경우 재평가잉여금을 감소시키며 평가감 금액이 재평가잉여금을 초과하는 경우에는 재평가손실(당기손실)로 기록한다. 둘째, 최초 재평가시 평가감(장부가액>공정가치)이 발생한 경우 차이를 재평가손실(당기손실)로 기록하고, 이후 재평가시 평가감이 또 발생하면 추가로 재평가손실로 기록하며, 재평가증이 발생하면 기존의 재평가손실을 재평가이익(당기이익)으로 처리하고 초과하는 금액은 재평가잉여금(기타포괄손익)으로 처리한다.

5. 이익잉여금

이익잉여금(또는 유보이익)은 기업이 벌어들인 이익 중에서 일부를 주주들에게 배당으로 지급하고 나머지를 기업 내에 누적적으로 유보한 것이다. 따라서 납입자본은 물론이고 이익잉여금 역시 주주들에게 귀속된다.

한편, 당기말 미처분이익잉여금은 이익준비금, 배당금, 차기이월미처분이익잉여금으로 분할하는 것을 이익잉여금의 처분이라 하고, 그 절차는 다음과 같다.

1) 이익잉여금의 처분절차

① 결산일에 손익계정의 순이익을 미처분이익잉여금계정으로 대체(처분가능한 이

익잉여금 집계)

(차) 손 익 700,000 (대) 미처분이익잉여금 700,000

② 이사회의 승인으로 이익잉여금처분(안)을 의결, 이익잉여금처분계산서를 작성

전기이월된 미처분이익잉여금 100,000원에 포괄손익계산서상에 계상된 당기순이익이 700,000원, 이사회에서 200,000원은 현금배당하여 이익잉여금처분계산서(안)을 작성한다.

이익잉여금처분계산서(안)	20X1.1.1.~12.31.	
1. 미처분이익잉여금		
1)전기이월미처분이익잉여금	100,000	
2)당기순이익	700,000	800,000
2. 임의적립금 이입액	0	
3. 이익잉여금의 처분		
1)이익준비금	20,000	
2)배당금:현금배당	200,000	(220,000)
4. 차기이월 미처분이익잉여금		580,000

2) 이익잉여금의 분류

① 이익준비금

이익준비금은 상법 규정에 의하여 자본의 1/2에 달할 때까지 매결산시, 현금(금전)에 의한 이익배당액의 1/10 이상의 금액을 최소한 적립하도록 한 법정적립금으로서 결손보전과 자본전입 이외에는 사용할 수가 없다.

② 기타 법정적립금

상법 이외의 법령에 의하여 의무적으로 적립하여야 하는 법정적립금으로서 기업합리화적립금(2002년 12월 11일 조세특례제한법으로 폐지)과 재무구조개선적립금 등이 있다.

③ 임의적립금

법률규정이 아닌 회사가 임의적으로 일정한 목적을 위하여 정관이나 주주총회의

결의에 의해서 이익잉여금 중 사내에 유보된 적립금이다.

ⓐ 적극적 적립금 : 기업의 순자산을 증대시키기 위한 목적으로 자본을 유보하는 적립금으로서 사업확장적립금과 감채적립금[6] 등이 있다.

ⓑ 소극적 적립금 : 장차 거액의 손실이나 지출로 인하여 기업의 순자산이 감소할 것을 대비하여 적립하는 적립금으로서 배당평균적립금, 결손보전적립금, 세법상 준비금 등이 있다.

④ 미처분이익잉여금

미처분이익잉여금은 당기분 이익잉여금처분계산서상의 이익잉여금을 처분하기 전의 금액으로 전기이월미처분이익잉여금에 당기순손익, 회계변경누적효과 등을 가감하여 표시한다.

6) 사채, 장기차입금 등 거액의 고정부채를 상환하기 위하여 순이익의 일부를 적립한 적립금이다.

보 론 화폐의 시간가치

화폐의 시간가치(time value)는 현재 1원의 가치가 일정기간 후의 미래의 1원의 가치보다 크다는 의미에서 출발한다. 예를 들면 현재 1원을 투자하여 이자 등의 투자수익을 달성할 수 있다면 미래의 1원의 가치보다 크고, 인플레이션하의 경제에서 실질구매력은 현재의 1원이 더 가치가 있다고 할 수 있다.

1. 이자표

기업은 화폐사용에 대한 대가로 이자(배당)는 항상 수반된다고 할 수 있다. 단기투자의 경우는 이자가 중요하지 않으나 장기투자에 있어서 이자(배당)는 의사결정에 매우 중요한 요소이며 화폐의 시간가치를 반영한다.

여기서 미래가치는 현금흐름을 복리로 계산한 값이고, 현재가치는 현금흐름을 할인할 값이다.

1) 1원의 미래가치

현재 투자한 1원의 현금을 미래 일정기간 후에 가치로 환산했을 때 가치가 미래가치이다. 여기서 FV(future value of a single sum)는 단일금액의 미래가치이며, CF는 현금흐름, r은 이자율, n은 기간수이다.

$$FV = CF \times (1 + r)^n$$

예제 1

경남은행으로부터 10,000원을 연리 10%로 1년간 빌린 경우 2년 뒤 상환해야 할 원리금 상환액을 계산하라.

〈해답〉

10,000원 × $(1.1)^2$ = 11,200원

2) 1원의 현재가치

미래 일정기간 후의 1원을 현재시점의 가치로 환산한 금액이 현재가치이다. 그리고 현재가치는 미래가치의 역수이다. 여기서 PV(present value of a single sum)는 단일금액의 현재가치이며, CF는 현금흐름, r은 이자율, n은 기간수이다.

$$PV = \frac{CF}{(1+r)^n} = CF \times (1+r)^{-n}$$

예제 2

할인율이 10%일 때 2년 뒤에 받을 10,000원의 현재가치는 얼마인가?

〈해답〉
$10{,}000 \times (1+0.1)^{-2} = 8{,}264$원

3) 연금의 현재가치

연금(annuity)이란 동일기간에 동일한 금액을 지급(수령)하는 경우의 현금흐름 형태이다. 여기서 정상연금의 현재가치(present value for ordinary annuity; PVA)는 미래의 일정기간 마다의 금액이 현재 일정시점에 얼마의 가치인지 환산환 금액이다. 연금의 현재가치요소는 1원의 현재가치요소의 누적치이다.

$$PVA = \frac{1-(1+r)^{-n}}{r} \times CF$$

예제 3

서울은행에 연리 10%에 10,000원을 매년 말 저축하는 3년 만기 적금에 가입했을 때 미래현금흐름의 현재가치를 계산하라.

〈해답〉
$PVA = \frac{1-(1+0.1)^{-3}}{0.1} \times 10{,}000 = 2.48685 \times 10{,}000$원 $= 24{,}868$원

4) 연금의 미래가치

정상연금의 미래가치(future value for ordinary annuity; FVA)는 일정한 매 기간마다 현금흐름이 미래 일정시점 후에 얼마의 가치를 나타내는가 환산한 금액이다. 연금의 미래가치요소는 1원의 미래가치요소의 누적치이다.

$$FVA = \frac{(1+r)^n - 1}{r} \times CF$$

예제 4

서울은행에 연리 10%에 10,000원을 매년 말 저축하는 3년 만기 적금에 가입했을 때 3년 뒤에 적금의 총액을 계산하라.

〈해답〉

$FVA = \frac{(1+0.1)^3 - 1}{0.1} \times 10{,}000$ = 3.31×10,000=33,100원

객관식 연습문제

01 다음 중 부채의 정의에 대한 설명 중 옳지 않은 것은?

① 부채는 법적의무뿐만 아니라 의제의무도 포함된다.
② 부채로 정의되기 위해서는 현재 의무가 존재해야 한다.
③ 부채는 그 의무의 이행으로 인하여 경제적 효익이 내재된 자원의 유출될 가능성이 높아야 한다.
④ 지급시기나 지급금액이 확정되지 않았다면 부채가 될 수 없다.

02 외상매입금 계정의 대변에 기입되는 거래는? [전산회계2급 46회]

① 외상매입대금을 현금으로 지급했을 때
② 외상으로 매입한 상품을 반품했을 때
③ 상품을 외상으로 매입했을 때
④ 외상대금을 당좌수표 발행하여 지급했을 때

03 다음 자료에 의하여 매입채무를 계산하면 얼마인가? [전산회계2급 46회]

• 외상매출금 : 500,000원	• 받을어음 : 200,000원	• 미 수 금 : 100,000원
• 외상매입금 : 500,000원	• 지급어음 : 300,000원	• 미지급금 : 100,000원

① 700,000원 ② 800,000원 ③ 900,000원 ④ 1,000,000원

04 당월 외상매입 자료에서 외상매입금 당월 지급액은? [전산회계2급 46회]

• 월초잔액 : 20,000원	• 월말잔액 : 160,000원
• 외상매입액 : 250,000원	• 외상매입액 중 환출액 : 10,000원

① 100,000원 ② 110,000원 ③ 120,000원 ④ 130,000원

05 다음은 (주)갑을의 20X1년도 자료이다. 기말 재무상태표에 계상될 지급어음은 얼마인가? [기업회계3급20회]

- 당기 지급어음 발생액 : 15,000,000원
- 지급어음 20X1년 기초잔액 : 5,000,000원
- 당기 지급어음 지급액 : 6,000,000원

① 11,000,000원 ② 12,000,000원
③ 13,000,000원 ④ 14,000,000원

06 다음 중 사채발행에 대한 회계처리의 설명 중 옳지 않은 것은?

① 유효이자율이 사채의 표시이자율보다 높은 경우 사채는 할인발행이다.
② 사채의 발행가액은 원금상환액과 이자지급액의 현재가치로 계산된다.
③ 할증발행된 사채의 이자비용은 매년 감소한다.
④ 할인발행된 사채의 이자비용은 매년 감소한다.

07 (주)서울은 20X1년 1월 1일에 액면가액 200,000원(만기 3년, 액면이자율 10%, 유효이자율 15%)의 사채를 177,164원에 할인발행하였다. 20X1년 손익계산서에 보고될 사채이자비용은 얼마인가? [주택관리사 12회]

① 17,716원 ② 20,000원
③ 26,574원 ④ 27,560원

08 (주)서울은 20X1년 1월 1일에 액면가액 100,000원(만기 5년, 액면이자율 8%, 유효이자율 10%)의 사채를 92,416원에 발행하였다. 20X1년 사채할인발행차금상각액은 얼마인가? [주택관리사 5회]

① 1,517원 ② 1,418원
③ 1,392원 ④ 1,242원

09 (주)서울은 20X1년 1월 1일에 액면가액 100,000원(만기 4년, 액면이자율 10%, 유효이자율 8%)의 사채를 발행하였다. 20X1년의 사채발행가액을 구하라.

[주택관리사 8회]

	8%	10%
4년 후 1원의 현재가치	0.7350	0.6830
4년간 1원의 정상연금의 현재가치	3.3121	3.1699

① 106,621원 ② 105,199원
③ 101,421원 ④ 98,780원

10 다음의 자료에서 기말자본액을 계산하면 얼마인가?

기초자본	₩4,000	당기총수익	₩9,000
기말자본	?	당기총비용	₩7,000

① ₩6,000 ② ₩5,000
③ ₩2,000 ④ ₩3,000

11 다음 중 자본조정계정이 아닌 것은?

① 주식할인발행차금 ② 자기주식
③ 매도가능증권평가손실 ④ 자기주식처분손실

12 다음 중 이익잉여금 항목에 해당하지 않는 것은? [전산회계1급 51회]

① 이익준비금 ② 임의적립금
③ 주식발행초과금 ④ 미처분이익잉여금

13 다음 중 재무제표상의 자본에 대한 설명으로 잘못된 것은? [전산세무2급 25회]

① 자본금은 발행주식수에 발행가액을 곱하여 계산하며 재무상태표에 공시할 때에는 주식종류별로 구분하여 표시한다.

② 재무상태표상의 자본잉여금은 주식발행초과금, 감자차익, 기타자본잉여금으로 구성된다.

③ 재무상태표상의 자본은 자본금, 자본잉여금, 이익잉여금, 자본조정, 기타포괄손익누계액으로 구성된다.

④ 주식할인발행차금은 자본조정항목이다.

14 보통주 100주(액면가액 5,000원, 발행가액 6,000원)를 발행하여 증자를 하고, 주식발행에 따른 제비용 50,000원을 차감한 잔액은 모두 현금으로 수취하였다고 할 때 회계처리는?

① (차)	현 금	600,000	(대)	자본금	500,000
	신주발행비	50,000		주식발행초과금	100,000
				현 금	50,000
② (차)	현 금	550,000	(대)	자본금	500,000
				주식발행초과금	50,000
③ (차)	현 금	550,000	(대)	자본금	500,000
	주식할인발행초과금	50,000		주식발행초과금	100,000
④ (차)	현 금	550,000	(대)	자본금	500,000
	신주발행비	50,000		주식발행초과금	100,000

객관식 연습문제 해답

01 ④. ④번의 경우 충당부채가 여기에 해당되면 부채가 된다.

02 ③ 외상매입금은 부채 계정과목으로 증가시 대변에 기입한다.

03 ② 매입채무는 외상매입금과 지급어음이 있다.

04 ① 20,000원 + 250,000원 - 10,000원 - 160,000원 = 100,000원

05 ④ 지급어음 원장을 T계정으로 보면 다음과 같다.

지급어음

지급어음 지급액	6,000,000원	기초 지급어음	5,000,000원
기말 지급어음	14,000,000원	지급어음 발생액	15,000,000원
	20,000,000원		20,000,000원

06 ④ 할인발행된 사채의 이자비용은 매년 증가한다. 그리고 사채할인(할증)발행차금 상각액은 매년 증가한다.

07 ③ 이자비용 = 장부가액 × 유효이자율이다.

08 ④ 유효이자율상각을 한다. 유효이자(장부금액 × 유효이자) = 9,242원, 액면이자(액면가액 × 액면이자율) = 8,000원이다. 따라서 사채할인발행차금상각액은 1,242원이다.

09 ① 액면금액의 현재가치(100,000원 × 0.7530 = 73,500원)과 이자의 현재가치(10,000원 × 3.3121 = 33,121원)로 사채의 발행가액은 106,621원이다.

10 ① 당기총수익-당기총비용=기말자본-기초자본

11 ③ 매도가능증권평가손실은 기타포괄손익누계액이다.

12 ③ 주식발행초과금은 자본잉여금에 해당한다.

13 ① 재무상태표상의 자본금은 발행주식수에 액면가액을 곱해 계산한다. 액면가액과 발행가액의 차익은 주식발행초과금이나 주식할인발행차금으로 처리한다.

14 ② 자본금은 액면총액 500,000원, 주식발행초과금은 100,000원에서 신주발행비 지출액 50,000원을 차감한 50,000원이 되어야 한다. 신주발행비 계정과목은 사용할 수 없다.

CHAPTER 10

수익과 비용

제1절 수익의 인식

1. 수익의 의의

수익(revenues)이란 기업이 일정기간 동안 고객에게 재화를 판매하거나 용역을 제공하고 그 대가로 획득한 현금 또는 수취채권을 말한다. 수익은 기업의 경영활동과 관련하여 순자산의 증가를 가져오는 것이다. 수익은 영업주기 전반에 걸쳐 물품을 판매하고 대금을 회수하기 위한 영업활동이 점진적으로 수행되어 현금 또는 현금청구권이 확보되고, 수익창출활동이 사실상 완료(earned)되는 시점에 인식한다.

〈표 10-1〉 **수익, 수입, 이익의 구별**[1)]

수입(receipt)은 현금의 유입을 지칭하는 용어이고, 이익(profit, income)은 수익에서 비용을 차감하여 계산되는 순액이며, 수익(revenues)은 비용을 차감하기 전의 총액이다.

2. 수익의 측정

수익은 판매대가(받았거나 또는 받을 대가)의 공정가액으로 측정한다. 여기서 공정가액이란 합리적인 판단력과 거래의사가 있는 독립된 당사자 간에 거래될 수 있는 교환가격이다.

1) 수익과 비용은 주된 영업활동과 관련하여 발생된 것이지만 이득(gain)과 손실(loss)은 일시적이고 우발적인 거래로부터 발생한 것이다.

제2절 비용의 인식

1. 비용의 의의

비용(expenses)은 일정기간 동안 수익을 획득하기 위해 발생한 경제적 효익의 소비나 소멸을 나타낸다. 비용은 수익과 비용 대응의 원칙(matching principle)에 따라 수익을 인식한 기간 동안 수익에 대응하여 비용을 인식한다. 따라서 경영활동인 재화를 구매하거나 용역의 제공을 받는 것 등의 대가로 인한 자산의 유출이나 부채의 증가로 나타난다. 비용은 기업의 경영활동과 관련하여 순자산의 감소를 가져오는 것이다.

2. 비용의 인식기준(수익 · 비용대응의 원칙)

비용은 경영활동의 전 과정을 통해 발생하므로 자산을 사용하거나 감소될 때 마다 비용을 인식해야 한다. 하지만 현실적으로 엄격하게 이것을 적용하기 어려우므로 수익이 인식된 시점에 수익과 관련한 비용을 인식하게 되는데 이를 수익 · 비용대응의 원칙이라 한다.

〈표 10-2〉 비용의 인식

대응방식	내 용	계정과목 예시
직접대응	인과관계에 따라 수익에 직접대응	매출원가, 판매수수료, 판매원수당 등
간섭대응	수익창출기간동안 체계적이고 합리적 배분	감가상각비, 무형자산상각비, 보험료, 임차료 등
	발생 즉시 기간비용으로 인식	광고선전비, 판매촉진비, 경상연구개발비 등

제3절 매출액과 매출원가

1. 매출액

매출액은 기업의 주된 영업활동에서 발생한 상품, 제품의 판매 또는 용역의 제공으로 실현된 금액으로 순매출액을 의미한다. 순매출액은 총매출액에서 매출에누리와 환입 및 매출할인을 차감하여 구한다.

〈참고〉 판매시점에서의 수익 인식 : 판매기준 (인도기준)
① 위탁판매 : 수탁자가 위탁품을 판매한 날 수익 인식
② 시용판매 : 매입자가 매입의사를 표시한 날
③ 예약판매 : 예약매출은 진행기준에 따라 수익이 실현된 것으로 본다.

1) 제품매출, 상품매출

기업의 주된 영업활동의 결과로 제품매출액은 총매출액에서 매출할인, 매출환입, 매출에누리 등을 차감한 금액이다.

매출액 = 총매출액 - 매출환입 및 에누리 - 매출할인

2) 매출환입 및 매출에누리

매출환입은 제품이나 상품의 불량, 하자, 파손 등의 사유로 반품처리된 금액을 결제금액에서 차감해주는 것으로 총매출액에서 차감한다. 매출에누리는 판매된 상품의 불량(파손, 하자)로 판매가격을 깎아주는 것으로 이 또한 총매출액에서 차감한다.

3) 매출할인

매출할인은 신용할인으로 외상대금을 약정된 할인기간 내에 조기에 회수하여 유동성을 확보하고자 결제금액의 일부를 할인해주는 것이다.

2. 매출원가

매출원가는 상품, 제품 등의 매출액에 대응되는 원가로서 일정기간 중에 판매된 상품이나 제품 등에 대해 배분된 매입원가 또는 제조원가를 말한다.

매출액과 직접 대응되는 원가로서 일정기간 동안 판매된 상품이나 제품에 대한 매입원가이다.

1) 상품매출원가

상품매출원가 = 기초상품재고액 + 당기상품매입액[2] − 기말상품재고액

2) 제품매출원가

제품매출원가 = 기초제품재고액 + 당기제품제조원가 − 기말제품재고액

2) 당기상품매입액은 당기순매입액으로 총매입액에서 ① 매입차감요소인 매입할인, 매입에누리와 환출을 차감하고 ② 매입가산요소인 매입운임을 가산한 금액이다.

객관식 연습문제

01 다음 ( ) 안에 순차적으로 들어갈 내용으로 옳은 것은? [전산회계2급 50회]

> 수익이란 기업실체의 경영활동과 관련된 재화의 판매 또는 용역의 제공 등에 대한 대가로 발생하는 자산의 ( ) 또는 부채의 ( )이다.

① 유입, 증가 ② 유출, 감소 ③ 유출, 증가 ④ 유입, 감소

02 다음 자료에서 기초상품재고액은 얼마인가?

> • 당기매입액 500,000원 • 당기매출액 800,000원
> • 기말상품재고액 50,000원 • 매출총이익 150,000원

① 500,000원 ② 200,000원 ③ 150,000원 ④ 100,000원

03 다음 자료에 의하여 상품 순매입액을 계산하면 얼마인가? [기업회계3급 25회]

> • 기초상품재고액 : 45,000원 • 총매입액 : 530,000원 • 매입환출액 : 40,000원
> • 매입에누리액 : 10,000원 • 매입할인액 : 25,000원 • 매출할인액 : 10,000원
> • 상품 매입운임 : 15,000원

① 460,000원 ② 465,000원 ③ 470,000원 ④ 475,000원

04 다음 자료에서 매출원가를 구하면 얼마인가? [전산회계2급 51회]

> • 기초상품재고액 : 1,500,000원 • 매 입 에 누 리 : 90,000원
> • 당 기 매 입 액 : 3,000,000원 • 기말상품재고액 : 2,000,000원
> • 매 입 운 임 : 200,000원 • 매 입 환 출 : 50,000원

① 2,560,000원 ② 2,580,000원 ③ 2,610,000원 ④ 2,700,000원

05 (주)서울의 4월 기말재고액이 기초재고액 보다 200,000원 증가되었고, 4월 매출액은 2,700,000원으로 매출원가의 20% 이익을 가산한 금액이라 한다면, 당기 매입금액은?

① 2,150,000원 ② 2,250,000원
③ 2,350,000원 ④ 2,450,000원

06 비용에 관한 올바른 내용을 〈보기〉에서 모두 고른 것은? [전산회계2급 47회]

〈보기〉
ㄱ. 자본 감소의 원인이 된다.
ㄴ. 기업이 경영활동으로 지출하는 경제적 가치
ㄷ. 기업이 일정시점에 소유하고 있는 재화나 권리
ㄹ. 재화나 용역을 고객에게 제공하고 그 대가로 얻는 금액

① ㄱ, ㄴ ② ㄱ, ㄹ
③ ㄴ, ㄷ ④ ㄷ, ㄹ

07 다음 자료에 의하면 순매출액은 얼마인가? [전산회계2급 47회]

• 총매출액 : 800,000원 • 매출에누리 : 50,000원
• 매출운임 : 30,000원 • 매출환입 : 30,000원

① 690,000원 ② 720,000원
③ 800,000원 ④ 830,000원

08 다음 자료를 이용하여 매출총이익을 계산하면 얼마인가? [전산회계2급 50회]

• 총매출액 : 500,000원 • 기말 상품 재고액 : 100,000원 • 매출에누리 : 10,000원
• 매출할인 : 20,000원 • 매입할인 : 5,000원 • 총매입액 : 200,000원
• 매입환출 : 5,000원 • 기초 상품 재고액 : 100,000원

① 300,000원 ② 295,000원
③ 290,000원 ④ 280,000원

09 **다음 설명의 (가), (나)의 내용으로 옳은 것은?** [전산회계2급 46회]

전자제품 판매점에서 세탁기 판매액은 (가)이며, 세탁기를 운반하는 데 사용하는 화물차를 처분하면서 얻은 이익은 (나)이다.

① (가)영업수익, (나)영업외수익
② (가)영업외수익, (나)영업수익
③ (가)영업비용, (나)영업외수익
④ (가)영업외수익, (나)영업비용

10 **다음의 비용의 인식과 관련된 설명중에서 잘못된 것은?**

① 매출원가는 인과관계에 따라 매출수익에 대응하는 비용이다.
② 감가상각비는 수익이 창출되는 기간 동안 체계적이고 합리적으로 배분하여 인식한다.
③ 매출수익과 간접대응하여 비용인식하는 계정은 보험료, 임차료, 광고선전비, 경상연구개발비 등이 있다.
④ 매출수익과 직접대응하여 비용인식하는 계정은 매출원가, 판매원수수료, 판매원수당, 감가상각비 등이 있다.

객관식 연습문제 해답

01 ④ 수익은 자산의 유입 또는 부채의 감소이다.

02 ② 매출원가=기초재고+당기매입−기말재고
800,000원 − 150,000원 = 기초재고 + 500,000원 − 50,000원

03 ③ 총매입액에 상품 매입운임을 가산하고, 매입환출액, 매입에누리액, 매입할인액을 차감하여 순매입액을 계산한다.

04 ① (1,500,000원 + 3,000,000원 + 200,000원) − (90,000원 + 2,000,000원 + 50,000원) = 2,560,000원

05 ④ 매출원가 : (2,700,000원/120%) + 200,000원 = 2,450,000원

06 ① 비용이란 기업이 일정 기간 동안 경영 활동을 통하여 지출하는 경제적 가치총액이며, 자본감소의 원인이 된다.

07 ② 총매출액에서 매출에누리와 환입액 80,000원을 차감하여 계산함.

08 ④ 순매출액(500,000원 − 10,000원 − 20,000원) − 매출원가(100,000원 + 200,000원 − 5,000원 − 5,000원 − 100,000원) = 280,000원

09 ① 한국채택국제회계기준은 기타수익, 기타비용으로 분류한다.

10 ④ 감가상각비는 매출수익에 간접대응하여 비용을 인식하는 계정이다.

부록 01

종합문제 해답

제5장 종합문제 해답

문제 1

1. 기중분개

(단위 : 천원)

구 분	날 짜	기 중 거 래			
		차 변		대 변	
(1)	12월 1일	현금	100	자본금	100
(2)	12월 1일	현금	60	차입금	60
(3)	12월 1일	임차료	12	현금	12
(4)	12월 5일	소모품	10	현금	10
(5)	12월 10일	비품	20	현금 미지급금	10 10
(6)	12월 15일	외상매출금	50	용역매출	50
(7)	12월 25일	현금	30	외상매출금	30
(8)	12월 31일	현금	10	선수금	10

2. 결산수정분개

(단위 : 천원)

구 분	날 짜	결 산 수 정 분 개			
		차 변		대 변	
(9)	12월 31일	소모품비	6	소모품	6
(10)	12월 31일	이자비용	0.25	미지급이자	0.25
(11)	12월 31일	선급임차료	11	임차료	11

3. 10위식 정산표 작성

정 산 표

(주)경남택배 20×1년 12월 31일 현재 (단위 : 천원)

계정과목	수정전시산표		수정분개		수정후시산표		손익계산서		재무상태표	
	차변	대변	차변	대변	차변	대변	차변	대변	차변	대변
현 금	168				168				168	
소 모 품	10			6	4				4	
비 품	20				20				20	
외상매출금	20				20				20	
차 입 금		60				60				60
미 지 급 금		10				10				10
선 수 금		10				10				10
자 본 금		100				100				100
용 역 매 출		50				50		50		
임 차 료	12			11	1		1			
합 계	230	230								
미지급이자				0.25		0.25				0.25
선급임차료			11		11				11	
소 모 품 비			6		6		6			
이 자 비 용			0.25		0.25		0.25			
당기순이익							42.75			42.75
합 계			17.25	17.25	230.25	230.25	50	50	223	223

문제 2

1. 기중분개

(단위 : 천원)

구 분	날 짜	기 중 거 래			
		차 변		대 변	
(1)	12월 1일	현금	800	자본금 차입금	500 300
(2)	12월 2일	임차료	60	현금	60
(3)	12월 3일	소모품	50	현금	50
		비품	80	현금 미지급금	50 30
(4)	12월 5일	상품	800	지급어음	800
(5)	12월 8일	현금 외상매출금	400 350	매출	750
		매출원가	640	상품	640
(6)	12월 31일	현금 받을어음	100 250	외상매출금	350

2. 결산수정분개

(단위 : 천원)

구 분	날 짜	결 산 수 정 분 개			
		차 변		대 변	
(9)	12월 31일	선급임차료	55	임차료	55
(10)	12월 31일	소모품비	40	소모품	40
(11)	12월 31일	급여	30	미지급급여	30

3. 10위식 정산표 작성

정 산 표

(주)경남서점 20×1년 12월 31일 현재 (단위 : 천원)

계정과목	수정전시산표		수정분개		수정후시산표		손익계산서		재무상태표	
	차변	대변	차변	대변	차변	대변	차변	대변	차변	대변
현 금	1,140				1,140				1,140	
소 모 품	50			40	10				10	
비 품	80				80				80	
상 품	160				160				160	
외상매출금	0				0				0	
받을어음	250				250				250	
미지급금		30				30				30
차 입 금		300				300				300
지급어음		800				800				800
자 본 금		500				500				500
매 출		750				750		750		
매출원가	640				640		640			
임 차 료	60			55	5		5			
합 계	2,380	2,380								
선급임차료			55		55				55	
소모품비			40		40		40			
급 여			30		30		30			
미지급급여				30		30				30
당기순이익							35			35
합 계			125	125	2,410	2,410	750	750	1,695	1,695

문제 3

1. 기중분개

(단위 : 천원)

구 분	날 짜	기 중 거 래			
		차 변		대 변	
(1)	1월 31일	현 금	10,000	자 본 금	10,000
	2월 1일	비 품	1,000	미지급금	1,000
(2)	4월 1일	상 품	5,000	외상매입금	5,000
(3)	5월 1일	현 금	4,000	매 출	4,000
		매출원가	2,000	상 품	2,000
(4)	8월 1일	보험료	1,200	현 금	1,200
(5)	9월 1일	단기매매증권	1,000	현 금	1,000

2. 결산수정분개

(단위 : 천원)

구 분	날 짜	기 중 거 래			
		차 변		대 변	
(6)	12월 31일	감가상각비	275	감가상각누계액	275
(7)	12월 31일	단기매매증권평가손실	100	단기매매증권	100
(8)	12월 31일	선급보험료	700	보험료	700

3. 10위식 정산표 작성

정 산 표

(주)경남이사 20×1년 12월 31일 현재 (단위 : 천원)

계정과목	수정전시산표		수정분개		수정후시산표		손익계산서		재무상태표	
	차변	대변	차변	대변	차변	대변	차변	대변	차변	대변
현 금	11,800				11,800				11,800	
비 품	1,000				1,000				1,000	
상 품	3,000				3,000				3,000	
단기매매증권	1,000			100	900				900	
미 지 급 금		1,000				1,000				1,000
외 상 매 입 금		5,000				5,000				5,000
자 본 금		10,000				10,000				10,000
매 출		4,000				4,000		4,000		
매 출 원 가	2,000				2,000		2,000			
보 험 료	1,200			700	500		500			
합 계	20,000	20,000								
선 급 보 험 료			700		700				700	
단기매매증권 평 가 손 실			100		100		100			
감 가 상 각 비			275		275		275			
감가상각누계액				275		275				275
당 기 순 이 익							1,125			1,125
합 계			1,075	1,075	20,275	20,275	4,000	4,000	17,400	17,400

문제 4

1. 기중 거래 분개

(단위 : 천원)

구 분	날 짜	기 중 거 래 분 개			
		차 변		대 변	
(1)	12월 02일	현 금	60,000	자 본 금	60,000
(2)	12월 02일	현 금	20,000	차 입 금	20,000
(3)	12월 02일	임 차 료	15,000	현 금	15,000
(4)	12월 02일	선급보험료	12,000	현 금	12,000
(5)	12월 05일	소 모 품	5,000	현 금	5,000
(6)	12월 10일	비 품 차량운반구	7,000 20,000	현 금 미지급금	7,000 20,000
(7)	12월 15일	외상매출금	15,000	용역매출	15,000
(8)	12월 20일	현 금	15,000	용역매출	15,000
(9)	12월 25일	현 금	15,000	외상매출금	15,000
(10)	12월 26일	미지급금	20,000	현 금	20,000
(11)	12월 30일	급 여	8,000	현 금	8,000
(12)	12월 31일	현 금	3,000	선 수 금	3,000

2. 결산일 수정분개

(단위 : 천원)

구 분	날 짜	결 산 정 리 분 개			
(1)	12월 31일	이자비용	100	미지급이자	100
(2)	12월 31일	선급임차료	13,750	임 차 료	13,750
(3)	12월 31일	보 험 료	1,000	선급보험료	1,000
(4)	12월 31일	감가상각비	80,000	감가상각누계액(비품)	80,000
(5)	12월 31일	감가상각비	250,000	감가상각누계액(차량운반구)	250,000

3. 10위식 정산표 작성

정 산 표

(주)경남이사 20×1년 12월 31일 현재 (단위 : 천원)

계정과목	수정전시산표		수정분개		수정후시산표		포괄손익계산서		재무상태표	
	차변	대변	차변	대변	차변	대변	차변	대변	차변	대변
현금	46,000				46,000				46,000	
자본금		60,000				60,000				60,000
소모품	5,000				5,000				5,000	
비품	7,000				7,000				7,000	
외상매출금	0				0				0	
차량운반구	20,000				20,000				20,000	
선급보험료	12,000			1,000	11,000				11,000	
차입금		20,000				20,000				20,000
선수금		3,000				3,000				3,000
미지급금		0				0				0
용역매출		30,000				30,000		30,000		
급여	8,000				8,000		8,000			
임차료	15,000			13,750	1,250		1,250			
총계	113,000	113,000								
미지급이자				100		100				100
선급임차료			13,750		13,750				13,750	
보험료			1,000		1,000		1,000			
이자비용			100		100		100			
감가상각비			330		330		330			
감가상각누계액				330		330				330
당기순이익							19,320			19,320
총계			15,180	15,180	113,430	113,430	30,000	30,000	102,750	102,750

제6장 종합문제 해답

문제 1

1. 기중 분개

(단위 : 천원)

구 분	날 짜	기중 거래의 분개			
		차 변		대 변	
(1)	12월 01일	현금	30,000	자본금	30,000
(2)	12월 02일	임차료	6,000	현금	6,000
(3)	12월 5일	소모품	4,500	현금	4,500
(4)	12월 15일	현금 매출채권	2,500 20,000	용역매출	22,500
(5)	12월 25일	현금	9,500	매출채권	9,500
(6)	12월 30일	급여	8,500	미지급비용	8,500
(7)	12월 31일	현금	2,000	선수금	2,000

2. 원장의 전기

<u>총계정원장</u>

(단위 : 천원)

현 금

자본금	30,000	임차료	6,000
용역매출	2,500	소모품	4,500
매출채권	9,500		
선수금	2,000		
차변합계		대변합계	

자본금

		현 금	30.000
차변합계		대변합계	

임차료

현 금	6,000	**선급임차료***	**5,000**
차변합계		대변합계	

소모품

현 금	4,500	**소모품비***	**2,500**
차변합계		대변합계	

매출채권

용역매출	20,000	현금	9,500
차변합계		대변합계	

용역매출

		제　좌	22,500
차변합계		대변합계	

급여

미지급비	8,500		
차변합계		대변합계	

미지급비용

		급　여	8,500
차변합계		대변합계	

선수금

		현금	2,000
차변합계		대변합계	

소모품비*

소모품	**2,500**		
차변합계		대변합계	

선급임차료*

임차료	**5,000**		
차변합계		대변합계	

(참고) *는 결산수정분개를 반영한 계정과목임.

3. 수정전(잔액)시산표

수정전(잔액)시산표

(주)익스프레스　　20×1년 12월 31일 현재　　(단위 : 천원)

계 정 과 목	차　변	대　변
현　금	33,500	
소 모 품	4,500	
매 출 채 권	10,500	
선 수 금		2,000
미 지 급 비 용		8,500
용 역 매 출		22,500
임 차 료	6,000	
급　여	8,500	
자 본 금		30,000
합　계	**63,000**	**63,000**

4. 결산일 수정분개

(단위 : 천원)

구 분	날 짜	기중 거래의 분개			
		차 변		대 변	
(1)	12월 31일	소모품비	2,500	소모품	2,500
(2)	12월 31일	선급임차료	5,000	임차료	5,000

5. 10위식 정산표 작성

정 산 표

(주)익스프레스 (단위 : 천원)

계정과목	수정전시산표		수정분개		수정후시산표		손익계산서		재무상태표	
	차변	대변	차변	대변	차변	대변	차변	대변	차변	대변
현금	33,500				33,500				33,500	
소모품	4,500			2,500	2,000				2,000	
매출채권	10,500				10,500				10,500	
선수금		2,000				2,000				2,000
미지급비용		8,500				8,500				8,500
자본금		30,000				30,000				30,000
용역매출		22,500				22,500		22,500		
임차료	6,000			5,000	1,000		1,000			
급여	8,500				8,500		8,500			
합 계	63,000	63,000								
소모품비			2,500		2,500		2,500			
선급임차료			5,000		5,000				5,000	
당기순이익							10,500			10,500
계			**7,500**	**7,500**	**63,000**	**63,000**	**22,500**	**22,500**	**51,000**	**51,000**

6. 장부의 마감

(1) 손익계산서 계정의 마감분개

구 분	손익계산서 계정의 마감분개			
	차 변		대 변	
(1) 수익의 마감	용역매출	22,500	집합손익	22,500
(2) 비용의 마감	집합손익	1,000	임차료	1,000
	집합손익	8,500	급여	8,500
	집합손익	2,500	소모품비	2,500
(3) 집합손익의 마감	**집합손익**	10,500	**이익잉여금**	10,500

(2) 마감분개의 전기 및 계정의 마감

<u>총계정원장</u>

(단위 : 천원)

현 금

자본금	30,000	임차료	6,000
용역매출	2,500	소모품	4,500
매출채권	9,500	**차기이월**	**33,500**
선수금	2,000		
차변합계	44,000	대변합계	44,000
전기이월	**33,500**		

자본금

차기이월	**30,000**	현 금	30,000
차변합계	30,000	대변합계	30,000
		전기이월	**30,000**

임차료

현 금	6,000	**선급임차료***	**5,000**
		집합손익	**1,000**
차변합계	6,000	대변합계	6,000

소모품

현 금	4,500	소모품비*	2,500
		차기이월	**2,000**
차변합계	4,500	대변합계	4,500
전기이월	**2,000**		

매출채권

용역매출	20,000	현금	9,500
		차기이월	**10,500**
차변합계	20,000	대변합계	20,000
전기이월	**10,500**		

용역매출

집합손익	**22,500**	제좌	22,500
차변합계	22,500	대변합계	22,500

급여

미지급비용	8,500	**집합손익**	**8,500**
차변합계	8,500	대변합계	8,500

미지급비용

차기이월	**8,500**	급여	8,500
차변합계	8,500	대변합계	8,500
		전기이월	**8,500**

선수금

차기이월	**2,000**	현금	2,000
차변합계	2,000	대변합계	
		전기이월	**2,000**

소모품비*

소모품	**2,500**	집합손익	2,500
차변합계	2,500	대변합계	2,500

선급임차료*

임차료	**5,000**	차기이월	5,000
차변합계	5,000	대변합계	5,000
전기이월	**5,000**		

(참고) *는 결산수정분개를 반영한 계정과목임.

집합손익

임 차 료	1,000	용역매출	22,500
급 여	8,500		
소모품비	2,500		
이익잉여금	**10,500**		
합 계	**22,500**	**합 계**	**22,500**

이월시산표

(주)익스프레스 20×1년 12월 31일 현재 (단위 : 천원)

계정과목	차 변	대 변
현 금	33,500	
매 출 채 권	10,500	
소 모 품	2,000	
선 급 임 차 료	5,000	
선 수 금		2,000
미 지 급 비 용		8,500
자 본 금		30,000
이 익 잉 여 금		10,500
합 계	**51,000**	**51,000**

7. 재무제표의 작성

손익계산서

(주)익스프레스 20×1년 12월 01일 ~ 20×1년 12월 31일 (단위 : 천원)

임차료	1,000	용역매출	22,500
급 여	8,500		
소모품비	2,500		
당기순이익	**10,500**		
합 계	**22,500**	**합 계**	**22,500**

재무상태표

(주)익스프레스 20×1년 12월 31일 (단위 : 천원)

현 금	33,500	선수금	2,000
소모품	2,000	미지급비용	8,500
매출채권	10,500	자본금	30,000
선급임차료	5,000	**이익잉여금**	**10,500**
합 계	**51,000**	**합 계**	**51,000**

문제 2

1. 기중 거래의 분개

(단위 : 천원)

구 분	날 짜	기중 거래의 분개			
		차 변		대 변	
(1)	12월 01일	현금	30,000	자본금	30,000
(2)	12월 02일	현금	12,000	차입금	12,000
(3)	12월 02일	임차료	6,000	현금	6,000
(4)	12월 05일	소모품	4,500	현금	4,500
(5)	12월 15일	현금 매출채권	2,500 20,000	용역매출	22,500
(6)	12월 25일	현금	9,500	매출채권	9,500
(7)	12월 31일	현금	2,000	선수금	2,000

2. 원장의 전기

<u>총계정원장</u>

(단위 : 천원)

현 금

차변		대변	
자본금	30,000	임차료	6,000
차입금	12,000	소모품	4,500
용역매출	2,500		
매출채권	9,500		
선수금	2,000		
차변합계		대변합계	

자본금

차변		대변	
		현 금	30,000
차변합계		대변합계	

차입금

차변		대변	
		현 금	**12,000**
차변합계		대변합계	

임차료

차변		대변	
현 금	6,000	**선급임차료***	**5,000**
차변합계		대변합계	

소모품

차변		대변	
현 금	4,500	**소모품비***	**2,500**
차변합계		대변합계	

매출채권

차변		대변	
용역매출	20,000	현 금	9,500
차변합계		대변합계	

용역매출

	제 좌 22,500
차변합계	대변합계

선수금

	현 금 2,000
차변합계	대변합계

소모품비*

소모품 2,500	
차변합계	대변합계

선급임차료*

임차료 5,000	
차변합계	대변합계

이자비용*

미지급이자 50	
차변합계	대변합계

미지급이자*

	이자비용 50
차변합계	대변합계

급 여*

미지급급여 8,500	
차변합계	대변합계

미지급급여*

	급 여 8,500
차변합계	대변합계

(참고) *는 결산수정분개를 반영한 계정과목임.

3. 수정전(잔액)시산표

수정전(잔액)시산표

(주)강남익스프레스 20×1년 12월 31일 현재 (단위 : 천원)

계정과목	차 변	대 변
현 금	45,500	
소 모 품	4,500	
매 출 채 권	10,500	
차 입 금		12,000
선 수 금		2,000
자 본 금		30,000
용 역 매 출		22,500
임 차 료	6,000	
합 계	**66,500**	**66,500**

4. 결산일 수정분개

(단위 : 천원)

구 분	날 짜	기중 거래의 분개			
		차 변		대 변	
(1)	12월 31일	소모품비	2,500	소모품	2,500
(2)	12월 31일	선급임차료	5,000	임차료	5,000
(3)	12월 31일	이자비용	50	미지급이자	50
(4)	12월 31일	급 여	8,500	미지급급여	8,500

5. 10위식 정산표 작성

정 산 표

(주)강남익스프레스 (단위 : 천원)

계정과목	수정전시산표		수정분개		수정후시산표		손익계산서		재무상태표	
	차변	대변	차변	대변	차변	대변	차변	대변	차변	대변
현 금	45,500				45,500				45,500	
소 모 품	4,500			2,500	2,000				2,000	
매출채권	10,500				10,500				10,500	
차 입 금		12,000				12,000				12,000
선 수 금		2,000				2,000				2,000
자 본 금		30,000				30,000				30,000
용역매출		22,500				22,500		22,500		
임 차 료	6,000			5,000	1,000		1,000			
합 계	**66,500**	**66,500**								
소모품비			2,500		2,500		2,500			
선급임차료			5,000		5,000				5,000	
이자비용			50		50		50			
미지급이자				50		50				50
급 여			8,500		8,500		8,500			
미지급급여				8,500		8,500				8,500
당기순이익							**10,450**			**10,450**
합 계			**16,050**	**16,050**	**75,050**	**75,050**	**22,500**	**22,500**	**63,000**	**63,000**

6. 장부의 마감

(1) 손익계산서 계정의 마감분개

구 분	손익계산서 계정의 마감분개			
	차 변		대 변	
(1) 수익의 마감	용역매출	22,500	집합손익	22,500
(2) 비용의 마감	집합손익	1,000	임차료	1,000
	집합손익	2,500	소모품비	2,500
	집합손익	50	이자비용	50
	집합손익	8,500	급 여	8,500
(3) 집합손익의 마감	집합손익	10,450	이익잉여금	10,450

(2) 마감분개의 전기 및 계정의 마감

총계정원장 (단위 : 천원)

현 금

자본금	30,000	임차료	6,000
차입금	12,000	소모품	4,500
용역매출	2,500	**차기이월**	**45,500**
매출채권	9,500		
선수금	2,000		
차변합계	56,000	대변합계	56,000
전기이월	**45,500**		

자본금

차기이월	**30,000**	현 금	30,000
차변합계	30,000	대변합계	30,000
		전기이월	**30,000**

차입금

차기이월	**12,000**	현 금	12,000
차변합계	12,000	대변합계	12,000
		전기이월	**12,000**

임차료

현 금	6,000	**선급임차료***	**5,000**
		집합손익	**1,000**
차변합계	6,000	대변합계	6,000

소모품

현 금	4,500	**소모품비***	**2,500**
		차기이월	**2,000**
차변합계	4,500	대변합계	4,500

매출채권

용역매출	20,000	현 금	9,500
		차기이월	**10,500**
차변합계	20,000	대변합계	20,000
전기이월	**10,500**		

용역매출

집합손익	**22,500**	제 좌	22,500
차변합계	22,500	대변합계	22,500

선수금

차기이월	**2,000**	현 금	2,000
차변합계	2,000	대변합계	2,000
		전기이월	**2,000**

소모품비*

소모품	**2,500**	집합손익	2,500
차변합계	2,500	대변합계	2,500

선급임차료*

임차료	**5,000**	**차기이월**	**5,000**
차변합계	5,000	대변합계	5,000
전기이월	**5,000**		

이자비용*

미지급이자	**50**	**집합손익**	**50**
차변합계	50	대변합계	50

미지급이자*

차기이월	**50**	**이자비용**	**50**
차변합계	50	대변합계	50
		전기이월	**50**

급 여*

미지급급여	**8,500**	**집합손익**	**8,500**
차변합계	8,500	대변합계	8,500

미지급급여*

차기이월	**8,500**	**급 여**	**8,500**
차변합계	8,500	대변합계	8,500
		전기이월	**8,500**

(참고) *는 결산수정분개를 반영한 계정과목임.

집합손익

임차료	1,000	용역매출	22,500
소모품비	2,500		
이자비용	50		
급여	8,500		
이익잉여금	**10,450**		
합 계	**22,500**	**합 계**	**22,500**

이월시산표

(주)강남익스프레스 20×1년 12월 31일 현재 (단위 : 천원)

계정과목	차 변	대 변
현 금	45,500	
매 출 채 권	10,500	
소 모 품	2,000	
선급임차료	5,000	
차 입 금		12,000
선 수 금		2,000
미지급이자		50
미지급급여		8,500
자 본 금		30,000
이익잉여금		**10,450**
합 계	**66,000**	**63,000**

7. 재무제표의 작성

손익계산서

(주)강남익스프레스 20×1년 12월 1일 ~ 20×1년 12월 31일 (단위 : 천원)

임차료	1,000	용역매출	22,500
급 여	8,500		
소모품비	2,500		
이자비용	50		
당기순이익	**10,450**		
합 계	**22,500**	**합 계**	**22,500**

재무상태표

(주)강남익스프레스 20×1년 12월 31일 (단위 : 천원)

현 금	45,500	차입금	12,000
소모품	2,000	선수금	2,000
매출채권	10,500	미지급이자	50
선급임차료	5,000	미지급급여	8,500
		자본금	30,000
		이익잉여금	**10,450**
합 계	**63,000**	**합 계**	**63,000**

제7장 종합문제 해답

문제 1

1. 기중분개

(단위 : 천원)

구 분	날 짜	기중거래			
		차 변		대 변	
(1)	9월 1일	현금	50,000	자본금	50,000
(3)	9월 1일	외상매출금	8,000	용역매출	8,000
(4)	10월 1일	현금	6,000	외상매출금	6,000
(5)	12월 1일	대손상각비	2,000	외상매출금	2,000
(6)	12월 5일	단기매매증권	10,000	현금	10,000
(7)	12월 9일	외상매출금	3,000	용역매출	3,000

2. 결산수정분개

(단위 : 천원)

구 분	날 짜	결산수정분개			
		차 변		대 변	
(1)	12월 31일	단기매매증권	2,000	단기매매증권평가이익	2,000
(2)	12월 31일	대손상각비	300	대손충당금	300

3. 10위식 정산표 작성

정 산 표

(주)익스프레스 20×1년 12월 31일 현재 (단위 : 천원)

계정과목	수정전시산표		수정분개		수정후시산표		손익계산서		재무상태표	
	차변	대변	차변	대변	차변	대변	차변	대변	차변	대변
현 금	46,000				46,000				46,000	
외상매출금	3,000				3,000				3,000	
단기매매증권	10,000		2,000		12,000				12,000	
자 본 금		50,000				50,000				50,000
용역매출		11,000				11,000		11,000		
대손상각비	2,000		300		2,300		2,300			
합 계	61,000	61,000								
단기매매증권평가이익				2,000		2,000		2,000		
대손충당금				300		300				300
당기순이익							10,700			10,700
합 계			2,300	2,300	63,300	63,300	13,000	13,000	61,000	61,000

4. 재무제표의 작성

손익계산서

(주)익스프레스 20×1년 9월 1일 ~ 20×1년 12월 31일 (단위 : 천원)

대손상각비	2,300	용역매출	11,000
당기순이익	**10,700**	단기매매증권평가이익	2,000
합 계	**13,000**	**합 계**	**13,000**

재무상태표

(주)익스프레스 20×1년 12월 31일 (단위 : 천원)

현 금	46,000	자본금	50,000
외상매출금	3,000	이익잉여금	10,700
대손충당금	(300)		
단기매매증권	12,000		
합 계	**60,700**	**합 계**	**60,700**

문제 2

1. 기중분개

(단위 : 천원)

구 분	날 짜	기중거래			
		차 변		대 변	
(1)	9월 1일	현금	50,000	자본금	50,000
(2)	9월 5일	상품	40,000	외상매입금	40,000
(3)	10월 1일	외상매출금	60,000	매출	60,000
		매출원가	20,000	상품	20,000
(4)	12월 1일	현금	12,000	단기차입금	12,000
(5)	12월 9일	광고선전비	10,000	현금	10,000

2. 결산수정분개

(단위 : 천원)

구 분	날 짜	결산수정분개			
		차 변		대 변	
(1)	12월 31일	이자비용	250	미지급이자	250
(2)	12월 31일	재고자산평가손실	8,000	재고자산평가충당금	8,000

3. 10위식 정산표 작성

정 산 표

(주)강남 20×1년 12월 31일 현재 (단위 : 천원)

계정과목	수정전시산표		수정분개		수정후시산표		손익계산서		재무상태표	
	차변	대변	차변	대변	차변	대변	차변	대변	차변	대변
현 금	52,000				52,000				52,000	
상 품	20,000				20,000				20,000	
외상매출금	60,000				60,000				60,000	
외상매입금		40,000				40,000				40,000
단기차입금		12,000				12,000				12,000
자 본 금		50,000				50,000				50,000
매 출		60,000				60,000		60,000		
매출원가	20,000				20,000		20,000			
광고선전비	10,000				10,000		10,000			
합 계	**162,000**	**162,000**								
이자비용			50		50		50			
미지급이자				50		50				50
재고자산평가손실			8,000		8,000		8,000			
재고자산평가충당금				8,000		8,000				8,000
당기순이익							**21,950**			**21,950**
합 계			**8,050**	**8,050**	**170,050**	**170,050**	**60,000**	**60,000**	**132,000**	**132,000**

4. 재무제표의 작성

손익계산서

(주)강남 20×1년 9월 1일 ~ 20×1년 12월 31일 (단위 : 천원)

매출원가	**28,000**	매출	60,000
광고선전비	10,000		
이자비용	50		
당기순이익	**21,950**		
합 계	**60,000**	**합 계**	**60,000**

재무상태표

(주)강남 20×1년 12월 31일 (단위 : 천원)

현금	52,000	외상매입금	40,000
상품	20,000	단기차입금	12,000
재고자산평가충당금	(8,000)	미지급이자	50
외상매출금	60,000	자본금	50,000
		이익잉여금	**21,950**
합 계	**124,000**	**합 계**	**124,000**

문제 3

1. 기중분개

(단위 : 천원)

구 분	날 짜	기 중 거 래			
		차 변		대 변	
(1)	9월 1일	현금	50,000	자본금	50,000
(3)	9월 1일	매입	40,000	외상매입금	40,000
(4)	10월 1일	외상매출금	60,000	매출	60,000
(5)	12월 1일	현금	12,000	단기차입금	12,000
(6)	12월 9일	광고선전비	10,000	현금	10,000

2. 결산수정분개

(단위 : 천원)

구 분	날 짜	결 산 수 정 분 개			
		차 변		대 변	
(1)	12월 31일	이자비용	250	미지급이자	250
(2)	12월 31일	매출원가	40	매입	40
		상품	20	매출원가	20
(3)	12월 31일	재고자산평가손실	8	재고자산평가충당금	8

3. 10위식 정산표 작성

정 산 표

(주)서울 20×1년 12월 31일 현재 (단위 : 천원)

계정과목	수정전시산표		수정분개		수정후시산표		손익계산서		재무상태표	
	차변	대변	차변	대변	차변	대변	차변	대변	차변	대변
현 금	52,000				52,000				52,000	
매 입	40,000			40,000						
외상매출금	60,000				60,000				60,000	
외상매입금		40,000				40,000				40,000
단기차입금		12,000				12,000				12,000
자 본 금		50,000				50,000				50,000
매 출		60,000				60,000		60,000		
광고선전비	10,000				10,000		10,000			
합 계	**162,000**	**162,000**								
이자비용			50		50		50			
미지급이자				50		50				50
매출원가			40,000	20,000	20,000		20,000			
상 품			20,000		20,000				20,000	
재고자산평가손실			8,000		8,000		8,000			
재고자산평가충당금				8,000		8,000				8,000
당기순이익							**21,950**			**21,950**
합 계			**68,050**	**68,050**	**170,050**	**170,050**	**60,000**	**60,000**	**132,000**	**132,000**

4. 재무제표의 작성

손익계산서

(주)서울 20×1년 9월 1일 ~ 20×1년 12월 31일 (단위 : 천원)

매출원가	28,000	매출	60,000
광고선전비	10,000		
이자비용	50		
당기순이익	**21,950**		
합 계	**60,000**	**합 계**	**60,000**

재무상태표

(주)서울 20×1년 12월 31일 (단위 : 천원)

현금	52,000	외상매입금	40,000
상품	20,000	단기차입금	12,000
재고자산평가충당금	(8,000)	미지급이자	50
외상매출금	60,000	자본금	50,000
		이익잉여금	**21,950**
합 계	**124,000**	**합 계**	**124,000**

제8장 종합문제 해답

문제 1

1. 기중분개

(단위 : 천원)

구 분	날 짜	기 중 거 래			
		차 변		대 변	
(1)	1월 1일	현금	50,000	자본금	50,000
(2)	2월 1일	비품	10,000	미지급금	10,000
(3)	4월 1일	상품	4,000	외상매입금	4,000
(4)	5월 1일	외상매출금	6,000	매출	6,000
		매출원가	2,000	상품	2,000
(5)	8월 1일	보험료	1,200	현금	1,200

2. 결산수정분개

(단위 : 천원)

구 분	날 짜	결 산 수 정 분 개			
		차 변		대 변	
(6)	12월 31일	감가상각비	2,750	감가상각누계액	2,750
(7)	12월 31일	선급보험료	700	보험료	700

3. 10위식 정산표 작성

정 산 표

(주)경남마트 20×1년 12월 31일 현재 (단위 : 천원)

계정과목	수정전시산표		수정분개		수정후시산표		손익계산서		재무상태표	
	차변	대변	차변	대변	차변	대변	차변	대변	차변	대변
현 금	48,800				48,800				48,800	
외 상 매 출 금	6,000				6,000				6,000	
상 품	2,000				2,000				2,000	
비 품	10,000				10,000				10,000	
외 상 매 입 금		4,000				4,000				4,000
미 지 급 금		10,000				10,000				10,000
자 본 금		50,000				50,000				50,000
매 출		6,000				6,000		6,000		
매 출 원 가	2,000				2,000		2,000			
보 험 료	1,200			700	500		500			
계	70,000	70,000								
감 가 상 각 비			2,750		2,750		2,750			
감가상각누계액				2,750		2,750				2,750
선 급 보 험 료			700		700				700	
당 기 순 이 익							750			750
계			3,450	3,450	72,750	72,750	6,000	6,000	67,500	67,500

4. 재무제표의 작성

손익계산서

(주)경남마트 20×1년 1월 1일 ~ 20×1년 12월 31일 (단위 : 천원)

매출원가	2,000	용역매출	6,000
보험료	500		
감가상각비	2,750		
당기순이익	750		
합 계	6,000	**합 계**	6,000

재무상태표

(주)경남마트 20×1년 12월 31일 (단위 : 천원)

현 금	48,800	외상매입금	4,000
외상매출금	6,000	미지급금	10,000
상품	2,000	자본금	50,000
비품	10,000	이익잉여금	750
감가상각누계액	(2,750)		
선급보험료	700		
합 계	64,750	**합 계**	64,750

문제 2

1. 기중분개

(단위 : 천원)

구 분	날 짜	기중거래			
		차 변		대 변	
(1)	1월 1일	현금	50,000	자본금	50,000
(2)	2월 1일	기계장치	10,000	미지급금	10,000
(3)	4월 1일	상품	40,000	외상매입금	40,000
(4)	5월 1일	외상매출금	60,000	매출	60,000
		매출원가	20,000	상품	20,000
(5)	8월 1일	현금	12,000	단기차입금	12,000
(6)	10월 1일	광고선전비	10,000	현금	10,000
(7)	11월 1일	매도가능증권	10,000	현금	10,000

2. 결산수정분개

(단위 : 천원)

구 분	날 짜	결산수정분개			
		차 변		대 변	
(6)	12월 31일	감가상각비	2,750	감가상각누계액	2,750
(7)	12월 31일	이자비용	250	미지급이자	250
(8)	12월 31일	재고자산평가손실	8,000	재고자산평가충당금	8,000
(9)	12월 31일	매도가능증권	2,000	매도가능증권평가이익	2,000

3. 10위식 정산표 작성

정 산 표

(주)경남 20×1년 12월 31일 현재 (단위 : 천원)

계정과목	수정전시산표		수정분개		수정후시산표		손익계산서		재무상태표	
	차변	대변	차변	대변	차변	대변	차변	대변	차변	대변
현금	42,000				42,000				42,000	
상품	20,000				20,000				20,000	
외상매출금	60,000				60,000				60,000	
기계장치	10,000				10,000				10,000	
매도가능증권	10,000		2,000		12,000				12,000	
외상매입금		40,000				40,000				40,000
미지급금		10,000				10,000				10,000
단기차입금		12,000				12,000				12,000
자본금		50,000				50,000				50,000
매출		60,000				60,000		60,000		
매출원가	20,000				20,000		20,000			
광고선전비	10,000				10,000		10,000			
합계	172,000	172,000								
감가상각비			2,750		2,750		2,750			
감가상각누계액				2,750		2,750				2,750
이자비용			250		250		250			
미지급이자				250		250				250
매도가능증권평가이익				2,000		2,000				2,000
재고자산평가손실			8,000		8,000		8,000			
재고자산평가충당금				8,000		8,000				8,000
당기순이익							19,000			19,000
합계			13,000	13,000	185,000	185,000	60,000	60,000	144,000	144,000

4. 재무제표의 작성

포괄손익계산서

(주)경남 20×1년 1월1일 ~ 20×1년 12월31일 (단위 : 천원)

계 정 과 목	금 액
매 출	60,000
매출원가	20,000
매출총이익	40,000
광고선전비	10,000
감가상각비	2,750
이자비용	250
재고자산평가손실*	8,000
당기순이익	19,000
기타포괄손익	2,000
총포괄손익	21,000

* 재고자산평가손실은 매출원가로 처리한다.

재무상태표

(주)경남 20×1년 12월 31일 (단위 : 천원)

현금	42,000	외상매입금	40,000
상품	20,000	미지급금	10,000
재고자산평가충당금	(8,000)	단기차입금	12,000
외상매출금	60,000	미지급이자	250
기계장치	10,000	자본금	50,000
감가상각누계액	(2,750)	이익잉여금	19,000
매도가능증권	12,000	기타포괄손익누계액	2,000
합 계	133,250	**합 계**	133,250

문제 3

1. 기중분개

(단위 : 천원)

구 분	날 짜	기 중 거 래			
		차 변		대 변	
(1)	12월 01일	현금	500,000	자본금	500,000
(2)	12월 02일	건물	300,000	현금	300,000
(3)	12월 02일	현금	60,000	단기차입금	60,000
(4)	12월 03일	기계장치	100,000	미지급금	100,000
(5)	12월 04일	원재료	20,000	현금	20,000
(6)	12월 10일	광고선전비	10,000	현금	10,000
(7)	12월 30일	임금	10,000	미지급임금	10,000
		급여	7,000	미지급급여	7,000
(8)	12월 30일	전력비*	8,000	미지급전력비	8,000
		수도광열비*	3,000	미지급수도광열비	3,000
(9)	12월 31일	외상매출금	72,000	매출	72,000
		매출원가**	34,200	제품	34,200

* 본사 전기요금의 계정과목은 "수도광열비"로 처리하고, 공장 전기요금은 "전력비"로 처리함.

** 기초제품재고액(0원) + 당기제품재고액(38,000천원) − 기말제품재고액(3,800천원) = 매출원가(34,200천원)

2. 제조원가 분개

(단위 : 천원)

구 분	날 짜	기 중 거 래			
		차 변		대 변	
(1)	12월 30일	직접재료원가	20,000	원재료	20,000
(2)	12월 30일	직접노무원가	10,000	임금	10,000
(3)	12월 30일	제조간접원가	8,000	전력비	8,000
(4)	12월 30일	재공품	38,000	직접재료원가	20,000
				직접노무원가	10,000
				제조간접원가	8,000
(5)	12월 30일	제품	38,000	재공품	38,000

3. 총계정원장 전기

(단위 : 천원)

현금

차변	금액	대변	금액
자본금	500,000	건물	300,000
단기차입금	60,000	원재료	20,000
		광고선전비	10,000
차변합계		대변합계	

자본금

차변	금액	대변	금액
		현금	500,000
차변합계		대변합계	

원재료

차변	금액	대변	금액
현금	20,000	직접재료원가	20,000
차변합계		대변합계	

제품

차변	금액	대변	금액
재공품	38,000	매출원가	34,200
차변합계		대변합계	

건물

차변	금액	대변	금액
현금	300,000		
차변합계		대변합계	

기계장치

차변	금액	대변	금액
미지급금	100,000		
차변합계		대변합계	

외상매출금

차변	금액	대변	금액
매출	72,000		
차변합계		대변합계	

단기차입금

차변	금액	대변	금액
		현금	60,000
차변합계		대변합계	

미지급금

차변	금액	대변	금액
		기계장치	100,000
차변합계		대변합계	

미지급금임금

차변	금액	대변	금액
		임금	10,000
차변합계		대변합계	

미지급급여

차변	금액	대변	금액
		급여	7,000
차변합계		대변합계	

미지급전력비

차변	금액	대변	금액
		전력비	8,000
차변합계		대변합계	

미지급수도광열비

	수도광열비 3,000
차변합계	대변합계

매출원가

제품 34,200	
차변합계	대변합계

급여(사무직)

미지급급여 7,000	
차변합계	대변합계

수도광열비(본사)

미지급수도광열비 3,000	
차변합계	대변합계

매출

	외상매출금 72,000
차변합계	대변합계

광고선전비

현금 10,000	
차변합계	대변합계

〈참고〉 제조원가 분개의 원장전기

임금(생산직)

미지급임금 10,000	직접노무원가 10,000
차변합계	대변합계

전력비(공장)

미지급전력비 8,000	**제조간접원가 8,000**
차변합계	대변합계

직접재료원가

원재료 20,000	재공품 20,000
차변합계	대변합계

직접노무원가

임금 10,000	**재공품 10,000**
차변합계	대변합계

제조간접원가

전력비 8,000	재공품 8,000
차변합계	대변합계

재공품

제조원가통제 38,000	**제품 38,000**
차변합계	대변합계

3. 결산수정분개

(단위 : 천원)

구 분	날 짜	결 산 수 정 분 개			
		차 변		대 변	
(10)	12월 31일	감가상각비	1,000	건물감가상각누계액	1,000
(11)	12월 31일	이자비용	250	미지급이자비용	250
(12)	12월 31일	감가상각비	2,500	기계장치감가상각누계액	2,500

4. 결산수정분개 원장전기

감가상각비

차변		대변	
건물감가상각누계액	1,000		
기계장치감가상각누계액	2,500		
차변합계		대변합계	

건물감가상각누계액

차변		대변	
		건물감가상각비	1,000
		기계장치감가상각비	2,500
차변합계		대변합계	

이자비용

차변		대변	
미지급이자비용	250		
차변합계		대변합계	

미지급이자비용

차변		대변	
		이자비용	250
차변합계		대변합계	

5. 10위식 정산표 작성

정 산 표

(주)경남 20×1년 12월 31일 현재 (단위 : 천원)

계정과목	수정전시산표		수정분개		수정후시산표		손익계산서		재무상태표	
	차변	대변	차변	대변	차변	대변	차변	대변	차변	대변
현　금	230,000				230,000				230,000	
외상매출금	72,000				72,000				72,000	
제　품	3,800				3,800				3,800	
건　물	300,000				300,000				300,000	
기계장치	100,000				100,000				100,000	
미지급금		100,000				100,000				100,000
미지급임금		10,000				10,000				10,000
미지급급여		7,000				7,000				7,000
미지급전력비		8,000				8,000				8,000
미지급수도광열비		3,000				3,000				3,000
단기차입금		60,000				60,000				60,000
자 본 금		500,000				500,000				500,000
매　출		72,000				72,000		72,000		
매출원가	34,200				34,200		34,200			
광고선전비	10,000				10,000		10,000			
급　여	7,000				7,000		7,000			
수도광열비	3,000				3,000		3,000			
합　계	**760,000**	**760,000**								
감가상각비			3,500		3,500		3,500			
건물감가상각누계액				1,000		1,000				1,000
기계장치감가상각누계액				2,500		2,500				2,500
이자비용			250		250		250			
미지급이자비용				250		250				250
당기순이익							14,050			14,050
합　계			**3,750**	**3,750**	**763,750**	**763,750**	**72,000**	**72,000**	**705,800**	**705,800**

6. 재무제표의 작성

포괄손익계산서

(주)경남　　20×1년 1월 1일 ~ 20×1년 12월 31일　　(단위 : 천원)

계 정 과 목	금　　액
매　출	72,000
매출원가	(34,200)
광고선전비	(10,000)
급　여	(7,000)
수도광열비	(3,000)
감가상각비	(3,500)
이자비용	(250)
당기순이익	14,050

재무상태표

(주)경남　　20×1년 12월 31일　　(단위 : 천원)

현　금	230,000	미지급금	100,000
외상매출금	72,000	미지급임금	10,000
제　품	3,800	미지급급여	7,000
건　물	300,000	미지급전력비	8,000
건물감가상각누계액	(1,000)	미지급수도광열비	3,000
기계장치	100,000	미지급이자비용	250
기계장치감가상각누계액	(2,500)	단기차입금	60,000
		자본금	500,000
		당기순이익	14,050
합　계	702,300	**합　계**	702,300

부록 02

현가표

〈표 1〉 1원의 미래가치

$$1원의 미래가치 = (1+r)^n \quad (n = 기간,\ r = 기간당\ 이자율)$$

n/r	5.0	60.	7.0	8.0	9.0	10.0	11.0	12.0	13.0	14.0	15.0
1	1.05000	1.06000	1.07000	1.08000	1.09000	1.10000	1.11000	1.12000	1.13000	1.14000	1.15000
2	1.10250	1.12360	1.14490	1.16640	1.18810	1.21000	1.23210	1.25440	1.27690	1.29960	1.32250
3	1.15762	1.19102	1.22504	1.25971	1.29503	1.33100	1.36763	1.40493	1.44290	1.48154	1.52087
4	1.21551	1.26248	1.31080	1.36049	1.41158	1.46410	1.51807	1.57352	1.63047	1.68896	1.74901
5	1.27628	1.33823	1.40255	1.46933	1.53862	1.61051	1.68506	1.76234	1.84244	1.92542	2.01136
6	1.34010	1.41852	1.50073	1.58687	1.67710	1.77156	1.87041	1.97382	2.08195	2.19497	2.31306
7	1.40710	1.50363	1.60578	1.71382	1.82804	1.94872	2.07616	2.21068	2.35261	2.50227	2.66002
8	1.47746	1.59385	1.71819	1.85093	1.99256	2.14359	2.30454	2.47596	2.65844	2.85259	3.05902
9	1.55133	1.68948	1.83846	1.99900	2.17189	2.35795	2.55804	2.77308	3.00404	3.25195	3.51788
10	1.62889	1.79085	1.96715	2.15892	2.36736	2.59374	2.83942	3.10585	3.39457	3.70722	4.04556

〈표 2〉 정상연금 1원의 미래가치

$$정상연금1원의 미래가치 = \frac{(1+r)^n - 1}{r} \quad (n = 기간,\ r = 기간당\ 이자율)$$

n/r	5.0	60.	7.0	8.0	9.0	10.0	11.0	12.0	13.0	14.0	15.0
1	1.00000	1.00000	1.0000	1.0000	1.0000	1.00000	1.00000	1.00000	1.00000	1.00000	1.00000
2	2.04500	2.06000	2.07000	2.08000	2.09000	2.10000	2.11000	2.12000	2.13000	2.14000	2.15000
3	3.13702	3.18360	3.21490	3.24640	3.27810	3.31000	3.34210	3.37440	3.40690	3.43960	3.48250
4	4.27819	4.37462	4.43994	4.50611	4.57313	4.64100	4.70973	4.77933	4.84980	4.92114	4.99337
5	5.47071	5.63709	5.75074	5.86660	5.98471	6.10510	6.22780	6.35285	6.48027	6.61010	6.74238
6	6.71689	6.97532	7.15329	7.33593	7.52333	7.71561	7.91286	8.11519	8.32271	8.53552	8.75374
7	8.01915	8.39384	8.65402	8.92280	9.20043	9.48717	9.78327	10.08901	10.40466	10.73049	11.06680
8	9.38001	9.89747	10.25980	10.63663	11.02847	11.43589	11.85943	12.29969	12.75726	13.23276	13.72682
9	10.80211	11.49132	11.97799	12.48756	13.02104	13.57948	14.16397	14.77566	15.41571	16.08535	16.78584
10	12.28821	13.18079	13.81645	14.48656	15.19293	15.93742	16.72201	17.54873	18.41975	19.33729	20.30372

〈표 3〉 1원의 현재가치

$$1원의\ 현재가치 = \frac{1}{(1+r)^n} \quad (n = 기간,\ r = 기간당\ 이자율)$$

n/r	5.0	60.	7.0	8.0	9.0	10.0	11.0	12.0	13.0	14.0	15.0
1	0.95238	0.94340	0.93458	0.92593	0.91743	0.90909	0.90909	0.89286	0.88496	0.87719	0.86957
2	0.90793	0.89000	0.87344	0.85734	0.84168	0.82645	0.81162	0.79719	0.78315	0.76947	0.75614
3	0.86384	0.83962	0.81630	0.79383	0.77218	0.75131	0.73119	0.71178	0.69305	0.67497	0.65752
4	0.82270	0.79209	0.76290	0.73503	0.70843	0.68301	0.65873	0.63552	0.61332	0.59208	0.57175
5	0.78353	0.74726	0.71299	0.68058	0.64993	0.62092	0.59345	0.56743	0.54276	0.51937	0.49718
6	0.74622	0.70496	0.66634	0.63017	0.59627	0.56447	0.53464	0.50663	0.48032	0.45559	0.43233
7	0.71068	0.66506	0.62275	0.58349	0.54703	0.51316	0.48166	0.45235	0.42506	0.39964	0.37594
8	0.67684	0.62741	0.58201	0.54027	0.50187	0.46651	0.43393	0.40388	0.37616	0.35056	0.32690
9	0.64461	0.59190	0.54393	0.50025	0.46043	0.42410	0.39092	0.36061	0.33288	0.30751	0.28426
10	0.61391	0.55839	0.50835	0.46319	0.42241	0.38554	0.65218	0.32197	0.29459	0.26974	0.24718

〈표 4〉 정상연금 1원의 현재가치

$$정상연금1원의\ 현재가치 = \frac{1-\frac{1}{(1+r)^n}}{r} \quad (n = 기간,\ r = 기간당\ 이자율)$$

n/r	5.0	6.0	7.0	8.0	9.0	10.0	11.0	12.0	13.0	14.0	15.0
1	0.95238	0.94340	0.93458	0.92593	0.91743	0.90909	0.90090	0.89286	0.88496	0.87719	0.86957
2	1.85941	1.83339	1.80802	1.78326	1.75911	1.73554	1.71252	1.69005	1.66810	1.64666	1.62571
3	2.72325	2.67301	2.62432	2.57710	2.53129	2.48685	2.44371	2.40183	2.36115	2.32163	2.28323
4	3.54595	3.46511	3.38721	3.31213	3.23972	3.16987	3.10245	3.03735	2.97447	2.91371	2.85498
5	4.32948	4.21236	4.10020	3.99271	3.88965	3.79079	3.69590	3.60478	3.51723	3.43308	3.35216
6	5.07569	4.91732	4.76654	4.62288	4.48592	4.35529	4.23054	4.11141	3.99755	3.88867	378448
7	5.78639	5.58238	5.38929	5.20637	5.03295	4.86842	4.71220	4.56376	4.42261	4.28830	4.16042
8	6.46321	6.20979	5.97130	5.74664	5.53482	5.33493	5.14612	4.96764	4.79877	4.63886	4.48732
9	7.10782	6.80169	6.51523	6.24689	5.99525	5.75902	5.53705	5.32825	5.13166	4.94637	4.77158
10	7.72174	7.36009	7.02358	6.71008	6.41766	6.14457	5.88923	5.65022	5.42624	5.21612	5.01877

찾아보기

저자약력

■ ■ **김태완**

부산대학교 대학원 경영학박사(회계전공)
(현) 경남대학교 경영학부 조교수
(전) 한국산업인력공단 원격훈련 평가위원
한국직업능력개발원 훈련기관 평가위원
대한상공회의소 인력개발원 자문위원

■ ■ **전하성**

홍익대학교 대학원 경영학박사(회계전공)
(현) 경남대학교 경영학부 교수
한국전산회계교육연구회 고문
중소기업융합경남연합회 자문교수 및 경영지도사
(전) 경남대학교 대외부총장, 기획처장, 경영대학원장, 산업대학원장, 평생교육원장 역임

기본에 충실한 회계원리

2014년 08월 30일 1판 1쇄 발행
2015년 06월 30일 1판 2쇄 발행

저 자 : 김태완 · 전하성
발행자 : 김 동 규
발행처 : 교육과학사

저자와의 협의하에 인지생략

경기도 파주시 문발동 광인사길 71
전화(031)955-6956～8/팩스(031)955-6037
Home-page : www.kyoyookbook.co.kr
E-mail : kyoyook@chol.com
등록 : 1970년 5월 18일 제2-73호

낙장 · 파본은 교환해 드립니다.
Printed in Korea.

정가 16,000원
ISBN 978-89-254-0879-8